Un Curso de Felicidad

Si este libro le ha interesado y desea que lo mantengamos informado de nuestras publicaciones, escríbanos indicándonos cuáles son los temas de su interés (Autoayuda, Espiritualidad, Qigong, Naturismo, Enigmas, Terapias Energéticas, Psicología práctica, Tradición...) y gustosamente lo complaceremos.

Puede contactar con nosotros en
comunicacion@editorialsirio.com

Diseño de portada: Editorial Sirio, S.A.

cursodefelicidad@eiriz.com

EDITORIAL SIRIO, S.A.
C/ Rosa de los Vientos, 64
Pol. Ind. El Viso
29006-Málaga
España

NIRVANA LIBROS S.A. DE C.V.
Camino a Minas, 501
Bodega nº 8,
Col. Lomas de Becerra
Del.: Alvaro Obregón
México D.F., 01280

ED. SIRIO ARGENTINA
C/ Paracas 59
1275- Capital Federal
Buenos Aires
(Argentina)

www.editorialsirio.com
sirio@editorialsirio.com

I.S.B.N.: 978-84-7808-947-5
Depósito Legal: MA-1233-2013

Impreso en Imagraf

RICARDO EIRIZ

Un Curso de Felicidad

GUÍA PRÁCTICA PARA TRANSFORMAR TU VIDA

editorial Sirio

Este libro está dedicado a ti.

1

Introducción

Lo que más me sorprende del hombre occidental es que pierde la salud para ganar dinero, y después pierde el dinero para recuperar la salud. Y por pensar ansiosamente en el futuro, no disfruta el presente, por lo que no vive ni el presente ni el futuro. Y vive como si no tuviese que morir nunca, y muere como si nunca hubiera vivido.

DALAI LAMA

Cuando en el año 2009 decidí que mi profesión era SER FELIZ, no tenía ni idea de hacia dónde dirigía mi vida. Tras más de veinticinco años dedicados al mundo empresarial –en aquel momento era directivo de una gran empresa, y me había dedicado asimismo durante muchos años al mundo de la docencia en una escuela de negocios privada y a la consultoría estratégica–, decidí dejarlo todo para convertirme en un verdadero profesional de la felicidad.

Tenía claro que ser un profesional de este tipo requería tener un conocimiento amplio de qué es la felicidad, qué la origina, de dónde surge, qué podemos hacer para lograrla..., en definitiva, debía conocer perfectamente los hilos que manejan la felicidad en todos nosotros. Tomar esa decisión me obligó a sumergirme en un proceso de investigación, análisis y experimentación. Leí centenares de libros, artículos y estudios, asistí a múltiples conferencias y seminarios, y visualicé documentales, películas y vídeos de todo tipo con un único objetivo: identificar dónde reside la felicidad y cómo puede cada uno nosotros situarse en el nivel que desea experimentar en cada instante.

Adopté una definición de felicidad que escuché del Dalai Lama. Según él, «la felicidad es el resultado de dividir la satisfacción por las necesidades». Este razonamiento me llevó a comprender que la felicidad es algo interno, que no depende en absoluto de elementos materiales o inmateriales externos a uno mismo, sino exclusivamente de mi interpretación de la realidad que vivo en un determinado momento.

Llegado a este punto, mi investigación se centró en lo que realmente somos y en lo que determina nuestra forma de interpretar cualquier situación que vivimos. Entré en el mundo de la física cuántica y la epigenética o, lo que es lo mismo, lo que la ciencia más actual ha venido demostrando respecto a lo que somos y lo que establece nuestro comportamiento y nuestra realidad.

Descubrí que nosotros y todo lo que nos rodea somos energía. Que cada persona y cada materia (solida, líquida o gaseosa) emite una frecuencia de vibración energética propia. Que la física nos dice que cuando dos energías se juntan, se suman y pueden entrar en resonancia constructiva o destructiva. Que el hecho de sentirnos bien o mal con determinadas personas, animales u objetos es el resultado de nuestra resonancia constructiva o destructiva con la energía que emiten. Que la física asegura que, debido a su magnetismo, las energías atraen energías similares y repelen las opuestas. ¿Te suena el refrán «Dios los cría y ellos se juntan»? ¿Y aquel dicho que afirma que «los perros se parecen a sus amos»? Ambos no son más que el reflejo de estos principios de la física.

¿Qué significa todo esto? Que atraemos a nuestra vida energías similares a las que emitimos, o lo que es lo mismo, si vibramos con una energía de tristeza, depresión, pesimismo o estrés, lo que atraeremos a nuestra vida serán situaciones y personas que entren en resonancia constructiva con esas vibraciones, de modo que haremos más fuertes esos sentimientos. Y al contrario, si vibramos con una energía positiva de alegría, optimismo, confianza o seguridad, atraeremos hacia nosotros situaciones y personas que amplifiquen esas emociones.

La ciencia también nos ha demostrado que la energía con la que vibramos cambia nuestro propio cuerpo. Las emociones negativas generan vibraciones energéticas que debilitan el organismo y causan enfermedades, mientras que las positivas fortalecen nuestro cuerpo y nuestro sistema inmunitario.

¡¡¡Perfecto!!! Saber todo esto me indicó el camino. Lo que debía hacer a continuación era profundizar en cómo controlar nuestras emociones, evitando que sean ellas las que nos controlen a nosotros.

Tenía muy claro que la única que podía hacer eso era nuestra mente, pero no nuestra mente consciente, con su limitada capacidad de proceso, sino la subconsciente, responsable de aproximadamente el 95% de todas las decisiones y acciones que realizamos a diario. La mente subconsciente es como una madre superprotectora que nos lleva siempre por el camino de menor riesgo y sufrimiento, ¡según sus propios criterios, claro! ¿Y cuáles son los criterios que dirigen la mente subconsciente? Muy sencillo: el resultado de las experiencias vividas en el pasado. Si hemos sufrido un desengaño amoroso tras abrir nuestro corazón, en el futuro lo resguardaremos y difícilmente lo abriremos para expresar lo que sentimos. Si hemos tenido un problema en el trabajo por ser demasiado proactivos, en el futuro nos resultará difícil tomar la iniciativa... Nos vamos nutriendo de las experiencias vividas, vamos almacenando creencias en nuestro subconsciente y, sin tener necesidad de volver a pensar en ellas, este va dirigiendo nuestras vidas sobre la base de esas creencias.

Esto es muy positivo en determinadas circunstancias, ya que habitualmente nos permite mantenernos libres de peligro, pero al mismo tiempo puede impedirnos vivir la vida que realmente queremos. Algunas de las creencias que almacenamos nos limitan a la hora de alcanzar las metas que deseamos o incluso de vivir del modo que nos gustaría. Sentimientos de inferioridad, miedo, derrotismo, ansiedad y muchos otros no son más que patrones generados como respuesta a situaciones vividas con anterioridad, que «teóricamente» nos protegen de males mayores.

¡Ya estaba muy cerca! Solo faltaba encontrar las herramientas que nos permiten acceder directamente al subconsciente para modificar esas creencias que nos condicionan. La investigación emprendida me había permitido tener muy claro que el acceso a la mente subconsciente no se podía realizar a través de la mente consciente, ya que esta funciona con una frecuencia de cuarenta ciclos por segundo, mientras que aquella funciona a ¡veinte millones de ciclos por segundo! Esta enorme diferencia de frecuencia hace físicamente imposible la comunicación. Es similar a lo que ocurre con las ondas de radio, que atraviesan las paredes sin prácticamente generar perturbación alguna en ellas.

El resultado de este proceso personal, y sobre todo de la experimentación tanto en mí mismo como en muchos otros, me llevó a identificar diversas herramientas que tenemos a nuestra disposición para cambiar esas creencias y emociones que, a nuestro pesar, dirigen nuestras vidas.

Recorrer este camino me permitió reconocer claramente que la felicidad es el resultado de una experiencia completamente interna, sobre la cual, si queremos, podemos tener un control absoluto. Lo único que necesitamos es alinear nuestra mente subconsciente para permitirnos disfrutar de la vida que deseamos y, por fortuna, eso es ¡relativamente fácil!

En el libro *Escoge tu camino a la felicidad y el éxito,* recogí con todo detalle este proceso de investigación, incluyendo un análisis organizado y estructurado de un buen número de técnicas que nos permiten asumir el control de nuestra vida.

Un curso de felicidad es una obra muy diferente. Se trata de un libro eminentemente práctico, que incluye una guía de desarrollo personal así como un conjunto de técnicas muy simples, derivadas de la investigación científica sobre la Teoría de la Dominancia Cerebral, así como de la antigua sabiduría sobre mente/cuerpo, que te permitirán integrar dicho desarrollo de forma rápida.

Más allá de los conocimientos, la experiencia práctica es, sin duda, lo más importante que obtendrás de estas páginas. Te invito a no creer ciegamente nada de lo que aparece en ellas. Ponlo todo a prueba, experimenta y observa los resultados. Si lo deseas, puedes tomarlo como un juego, pero ten presente que lo que vas a aprender puede darle un vuelco a tu vida.

OBJETIVO

El objetivo de *Un curso de felicidad* consiste en guiarte paso a paso, facilitándote un camino que te permitirá avanzar rápidamente hacia tu propio equilibrio interior.

Haberme convertido en profesional de mi propia felicidad me ha permitido ser consciente de que en realidad todos deberíamos ser profesionales de nuestro desarrollo personal. Este desarrollo va más allá de una profesión, de un *hobby*, de una relación... Es mucho más que eso, y al mismo tiempo lo engloba todo y permite alcanzar un mayor nivel de conciencia y de excelencia en todos y cada uno de los ámbitos de nuestra vida.

Todos deberíamos ser profesionales de nuestro propio desarrollo personal.

Estamos en esta vida para aprender y evolucionar como personas. Convertirnos en expertos de nuestro propio desarrollo personal no nos permitirá tan solo alcanzar las metas que nos propongamos, sino obtener lo que para Aristóteles era «el propósito de la vida, el objetivo y el fin de la existencia humana: la felicidad».

Mi objetivo es que una vez finalizada la lectura de este libro (siempre que realices correctamente los ejercicios) no hayas disfrutado únicamente de un proceso de desarrollo interior, sino que además te hayas convertido en un experto en tu propio desarrollo personal, que hayas aprendido a comunicarte con tu subconsciente y a reprogramarte para transformar aquellos patrones de comportamiento que te alejan de cómo te gustaría ser en todo momento.

A QUIÉN VA DIRIGIDO

Todos necesitamos evolucionar y desarrollarnos como personas. Algunos, entre los que me incluyo, hemos dedicado bastante tiempo a buscar algún camino para llevar a cabo este proceso con garantías. Otros no han podido hacerlo, o quizás ni se lo han planteado. Por desgracia, la sociedad en la que vivimos nos ha generado una serie de patrones de comportamiento y obligaciones, relacionados con miedos y apegos, que llevan a dejar de lado el desarrollo personal en pro del mal llamado «beneficio social» (ser un buen trabajador, comprarte una casa y pagar la hipoteca, tener hijos y llevarlos al mejor colegio posible, comprarte un buen coche...). *Un curso de felicidad* va dirigido a todo el mundo, pero especialmente a aquellas personas que no han encontrado todavía el camino para emprender esa transformación interior.

Ocuparse del desarrollo personal propio es algo positivo y necesario, que dice mucho a favor de aquel que lo realiza. A pesar de ello, como medida de protección, hay quien difunde la creencia contraria, intentando evitar el desarrollo de los demás. Muchos individuos, influenciados por esas creencias erróneas e interesadas, difícilmente pedirán ayuda o buscarán herramientas para llevar a cabo el tan necesario proceso de desarrollo personal. Son especialmente ellos los que más beneficio obtendrán de este libro, ya que por medio de la aplicación de técnicas simples, aunque poderosas, podrán abordar de forma autónoma y privada su proceso de transformación, así como convertirse en profesionales de su propio desarrollo personal.

Hay un colectivo al que, por encima de cualquier otro, me gustaría llegar con este libro: los niños. Ellos son los líderes del futuro y los responsables de dar un giro radical a este planeta. Convertirse en los dueños de su subconsciente desde una edad temprana les otorga un poder y una seguridad en sí mismos increíbles, y augura una vida, tanto individual como colectiva, llena de felicidad y éxito.

Poner en práctica las enseñanzas de este libro y, en consecuencia, beneficiarte de ellas, no requiere tener unas habilidades especiales ni un determinado nivel cultural o de estudios. Tampoco son necesarios largos procesos de aprendizaje o entrenamiento. Basta con seguir las instrucciones para iniciar tu proceso de desarrollo y poder disfrutar de esa experiencia tan enriquecedora.

CÓMO LEER ESTE LIBRO

Como irás viendo a medida que avances en la lectura, *Un curso de felicidad* es un libro práctico que te permitirá obtener resultados casi de inmediato al ir realizando los ejercicios.

Esta inmediatez en los resultados genera una motivación especial para continuar adelante. Aun así, es recomendable que realices una primera lectura de todo el libro para conocer la dimensión del proceso en el que te estás introduciendo. A continuación, vuelve a comenzar deteniéndote en cada uno de los ejercicios y ponlo en práctica. Al hacerlo, estarás eliminando de tu vida aquellas partes de ti mismo que menos te gustan, y te estarás convirtiendo en quien realmente quieres ser.

Cuando vayas a realizar los ejercicios, es muy importante que escojas un lugar reservado y tranquilo, donde tengas la seguridad de que no te molesten o interrumpan. Evita hacerlo en lugares públicos.

En su libro *La felicidad en el trabajo... y en la vida,* Santiago Vázquez finaliza con una frase que comparto, y que en cierto modo se halla en el origen de este libro: «El hombre más feliz es el que contribuye a la felicidad del mayor número de sus semejantes».

Tu futuro empieza ahora. ¡Que lo disfrutes!

Ricardo Eiriz

2

Pongámonos en contexto

Lo que ahoga a alguien no es caerse al río, sino mantenerse sumergido en él.

PAULO COELHO

El primer paso que vamos a dar para alcanzar el tan ansiado equilibrio interior, que nos llevará a disfrutar de una vida de felicidad y éxito, consiste en entender cómo funciona el mundo en el que vivimos y cómo funcionamos nosotros mismos.

En este capítulo se establecerán los pilares de conocimientos que permitirán soportar la nueva estructura de creencias y valores que se irán construyendo gradualmente en los siguientes capítulos. Por ello, te animo a ir reflexionando sobre los conceptos aportados a medida que vayas avanzando en la lectura.

¿QUÉ ES PARA MÍ LA FELICIDAD?

Mi propio desarrollo profesional en el ámbito de la felicidad comenzó por la búsqueda de una definición. Por el camino aparecieron muchas candidatas, pero me pareció que una destacaba por encima de todas. Se trata de una definición que pronunció en cierta ocasión el Dalai Lama, y que resulta simple en su formulación, aunque posee un profundo contenido en su interior.

Según el líder tibetano, la felicidad es el resultado de la siguiente fórmula:

$$\frac{\text{Satisfacción}}{\text{Necesidades}}$$

En el momento en que tomé conciencia de que tanto el numerador (satisfacción) como el denominador (necesidades) son factores completamente subjetivos, entendí que la felicidad es algo interno, que no depende en absoluto de elementos materiales o inmateriales externos a uno mismo, que no está condicionada a tener un coche u otro, una casa mejor o peor, una determinada pareja o incluso a ser correspondido en el amor.

La felicidad depende exclusivamente de la interpretación que hago de la realidad que vivo.

La felicidad se consigue gracias al control de nuestra vida interna, y es algo que se da exclusivamente en el momento presente. Solo podemos ser felices o dejar de serlo ahora, en el momento actual. Cuando nos focalizamos emocionalmente en recuerdos del pasado, los estamos reviviendo y experimentando en el presente. Esa vivencia es la que determina nuestro nivel de felicidad en este instante, pero no afecta a la que sentimos cuando se produjo el momento recordado.

Aplazar la felicidad a un momento futuro significa renunciar voluntariamente a ser felices en el presente, que es lo único que realmente tenemos, a cambio de una posibilidad futura sobre la que no existe garantía alguna. Además, en el supuesto de conseguir el objetivo, rápidamente deja de ser importante y, en consecuencia, ya no nos proporciona felicidad. Asimismo, un exceso de preocupación sobre lo que puede llegar a suceder en el futuro es otra forma de renunciar voluntariamente a ser feliz.

Solo podemos ser felices en el momento presente.

Un matiz importante que debemos tener en cuenta es la diferencia entre SER feliz y ESTAR feliz. Cuando soy una persona feliz, el origen de la felicidad está en mi interior. En cambio, si simplemente estoy feliz, el origen de dicho sentimiento puede venir del exterior, y por tanto no depender de mí mismo. Debemos basar nuestro desarrollo en *ser* felices, ya que de ese modo estaremos asumiendo en primera persona la capacidad de sentirnos felices en cualquier instante. Estaremos también en disposición de no dejarnos influir por los acontecimientos externos a nosotros mismos a la hora de darnos o quitarnos momentos de felicidad.

Cuando una persona basa su felicidad simplemente en *estar* feliz, con facilidad se encontrará inmersa en una dinámica de poseer cada vez más objetos, relaciones, sensaciones, experiencias, etc., y estará poniendo en manos de la consecución de esas metas externas sus momentos de felicidad. De este modo, esas mismas metas externas no alcanzadas se convertirán en fuente de momentos de infelicidad.

Desde niños nos han hecho creer que somos tremendamente afortunados por vivir en un país desarrollado, más rico que nunca, en el momento tecnológicamente más avanzado de la historia, con más derechos y beneficios sociales que ningún otro. Por tanto, tendría sentido pensar que nuestras vidas deberían ser más felices que las de todos aquellos que nos han precedido. Pensemos por un momento en nuestros abuelos, que vivían en un pasado «primitivo»: ¿serían realmente más felices si vivieran ahora? Según lo que se nos ha hecho creer, la respuesta debería ser afirmativa, pero basta con pensar en ello durante unos minutos para percatarnos del error.

En la actualidad, una importante crisis económica nos está sacudiendo y arrastrando a una situación de infelicidad generalizada. Aun así vivimos en el momento de paz más prolongado de la historia de Europa, los estándares de bienestar son mayores que en ninguna otra época, los comercios disponen de más variedad de productos que nunca, tenemos más posesiones en casa de las que cualquiera de nuestros antepasados hubiera podido soñar... ¿Y realmente crees que tus abuelos serían más felices ahora? Por supuesto que no. Ni el dinero, ni el poder, ni la posición social, ni las posesiones, por sí mismos, son fuente de felicidad.

Hemos construido un sistema que nos persuade a gastar el dinero que no tenemos en cosas que no necesitamos para crear impresiones que no durarán en personas que no nos importan.

EMILE H. GAUVREAY

¿QUÉ ENTIENDO POR DESARROLLO PERSONAL?

Uno de los libros más trascendentes que he tenido la suerte de leer es *El poder contra la fuerza*, del doctor David R. Hawkins, donde detalla sus estudios realizados durante más de veinte años, en los que se llevaron a cabo millones de calibraciones kinesiológicas a personas de diferente origen, etnia, edad, sexo, nivel cultural, etc. Sus conclusiones muestran que cada persona presenta un nivel energético de conciencia determinado, dentro de una escala logarítmica que oscila entre el 1 y el 1000. Cada nivel está asociado con un patrón emocional que dirige nuestra vida y nos lleva a reaccionar de forma distinta ante los eventos externos que se cruzan en nuestro camino. Aunque estos niveles de conciencia siempre están mezclados –una persona puede operar en niveles distintos en diferentes áreas de su vida–, existe un nivel global de conciencia en cada individuo, que es el resultado de la suma de los diversos niveles que concurren en él.

Si vemos un vagabundo en una esquina, por ejemplo, reaccionaremos de forma distinta en función de nuestro nivel energético de conciencia:

Nivel	Pensamiento sobre el vagabundo
20	Es sucio, asqueroso y deplorable
30	Es culpable de su situación
50	No es posible ayudarlo
75	Es trágico, está desesperado y sin amigos
100	Es una amenaza, podría cometer un crimen
125	¿Por qué nadie hace nada al respecto?
150	¿Por qué ocurren estas cosas?
175	No tiene respeto por sí mismo
200	¿Habrá un refugio para personas como él?
250	No le hace daño a nadie
310	Trataré de animarlo
350	Debe de estar ahí por razones que desconozco
400	Es un síntoma del sistema económico
500	Es una persona interesante
540	Es un viejo sabio y sereno
600	Es una expresión de mi propio yo
700-1000	Podría ser un maestro

En la escala definida por el doctor Hawkins, el nivel 200 es el mínimo que permite disfrutar de una vida constructiva, con el poder necesario para alcanzar un cierto equilibrio emocional. En los niveles inferiores a 200, el impulso primario es el de la supervivencia, y no existe en ellos ningún grado de autoestima. Estos niveles conducen a la persona, en última instancia, a la autodestrucción, impidiendo alcanzar el equilibrio emocional. En el Anexo 1 («Niveles de la conciencia humana») te muestro una breve descripción de los niveles definidos por el doctor Hawkins.

MAPA DE LA CONCIENCIA DEL DOCTOR DAVID R. HAWKINS

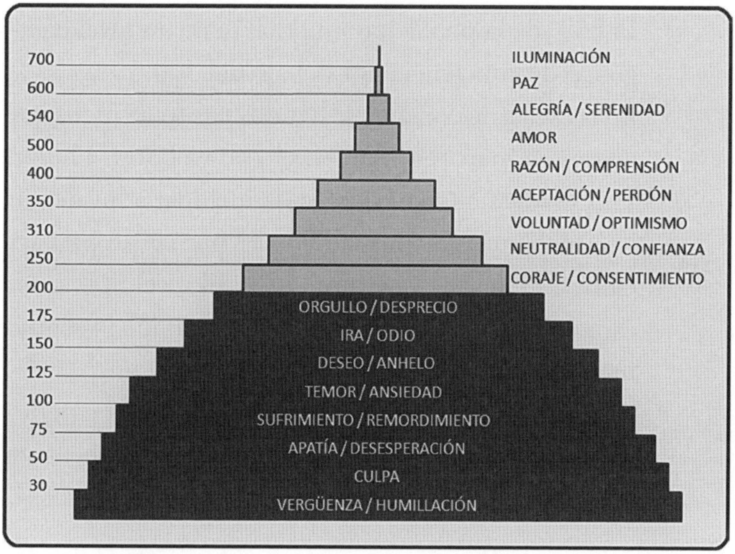

Podríamos señalar el nivel 200 de la escala como una frontera, superada la cual *podemos afrontar la decisión de ser felices*, o como diría Mihaly Csikszentmihalyi, investigador pionero en el ámbito de la felicidad, «vivir en estado de flujo». Estar por debajo de ese nivel nos aboca a vivir una vida cuya felicidad e infelicidad es el resultado de acontecimientos y factores externos sobre los que, en la mayoría de las ocasiones, no tenemos control alguno. Superando el nivel 350 se alcanza definitivamente un estado de conciencia en el cual la fuente de la felicidad se halla dentro de uno mismo, y no existe nada en el exterior que tenga la capacidad de hacerlo a uno feliz o infeliz.

Los estudios del doctor Hawkins han permitido constatar, entre otras cosas, lo siguiente:

- El 85% de la población mundial tiene un nivel energético de conciencia por debajo del 200.
- En la escala de conciencia hay dos puntos críticos que permiten mayores avances, el 200 y el 500. El nivel 200 se logra cuando se deja de inculpar a los demás y se aceptan las responsabilidades por las propias acciones, creencias y sentimientos. El nivel 500 se alcanza al aceptar el amor y el perdón sin juicios como un estilo de vida.
- El amor, la compasión y el perdón nos vuelven poderosos, mientras que la venganza, la crítica, la censura o la falsedad nos debilitan inevitablemente.

Llegado este punto, habrás comprendido que para mí el desarrollo personal consiste en un proceso continuado de superación que permita ir alcanzando niveles mayores de conciencia, según la definición del doctor Hawkins. Este proceso garantiza la consecución de mayores niveles de libertad, independencia, seguridad y, por supuesto, capacidad para ser feliz.

El desarrollo personal es un proceso continuado de superación que permite ir alcanzando niveles mayores de conciencia.

Considerando el desarrollo personal desde este punto de vista, podríamos acertadamente tomarlo como el eje central sobre el que vertebrar nuestra vida.

> Un anciano, en su lecho de muerte, llamó a sus tres hijos y les dijo: «No puedo dividir en tres lo que poseo. Eso dejaría muy pocos bienes para cada uno de vosotros. He decidido dar todo lo que tengo, como herencia, al que se muestre más hábil e inteligente. Dicho de otra manera, a mi mejor hijo. He dejado encima de la mesa una moneda para cada uno de vosotros. Cogedla. El que compre con esa moneda algo con lo que llenar la casa se quedará con todo».
>
> Los tres hijos se fueron. El primero compró paja, pero únicamente consiguió llenar la casa hasta la mitad. El segundo adquirió sacos llenos de plumas, pero no logró llenar la casa más que el anterior. El tercero, que consiguió la herencia, solo compró un pequeño objeto: una vela. Esperó hasta la noche, la encendió y llenó la casa de luz.
>
> CUENTO SUFÍ

¿QUÉ TE IMPIDE SER FELIZ?

Todos tenemos unas determinadas respuestas emocionales y unos patrones de comportamiento repetitivos ante los estímulos externos que recibimos en cada momento, lo que nos sitúa a cada uno en su propio nivel de conciencia. Todos aquellos que se encuentran por debajo del 200, el 85% de la población mundial según el doctor Hawkins, así como una buena parte de los que superan dicho nivel, no son conscientes de los motivos que les impiden disfrutar de una vida feliz y dichosa.

Aun sabiendo que muchas respuestas emocionales y ciertos patrones de comportamiento, de forma sistemática, nos conducen al fracaso, a la insatisfacción o a la infelicidad, la mayoría de las personas desconoce el mecanismo que activa dichas respuestas y, lo que es más importante, cómo modificarlas.

Responder de forma agresiva hacia otros conductores, enfadarte con tu pareja o alguno de tus hijos cuando te has propuesto una y otra vez no volver a hacerlo, sentir pánico ante un insecto o cualquier otro animal, bloquearte ante un examen o una entrevista de trabajo, son solo algunos ejemplos de respuestas emocionales negativas asociadas a patrones de comportamiento «autodestructivos» que aparecen de forma sistemática e incontrolada en muchas personas.

Lo que hace la mayoría es culpar al mensajero o, lo que es lo mismo, escudarse en esos estímulos externos, atribuyéndoles todos nuestros males. El conductor que se ha saltado el semáforo en ámbar, tu hijo que no quiere hacer los deberes, el insecto que te ha asustado, el entrevistador que es poco amable... serían algunas de estas excusas para justificar tus reacciones. Pero tanto tú como yo somos conscientes de que esta forma de actuar no deja de ser un pretexto para no asumir la verdadera responsabilidad que cada uno de nosotros tiene.

Quizás hayas alcanzado una buena posición social, ganado mucho dinero o logrado un gran reconocimiento profesional. De ser así, ¡enhorabuena!, pero ¿eres una persona feliz?

Lo que nos impide alcanzar la felicidad es la activación «descontrolada» de determinadas respuestas emocionales ante estímulos externos, así como aquellos patrones de comportamiento que nos conducen invariablemente al fracaso.

¿POR QUÉ MANTIENES UNOS DETERMINADOS PATRONES DE COMPORTAMIENTO AUN A TU PESAR?

Responder adecuadamente a esta pregunta comporta entrar de lleno en la realidad energética de la que formamos parte.

Los últimos descubrimientos que se han hecho en todas las disciplinas científicas –neurociencia, biología (epigenética), física cuántica...– nos muestran una realidad muy diferente a la que se nos ha venido enseñando en las escuelas. Se nos ha inculcado una visión de la realidad como individuos aislados, condicionados por el determinismo genético, que supuestamente viven en un mundo fraccionado e inconexo. Por fortuna, la ciencia ha demostrado en los últimos años que esa visión del mundo no es real. Actualmente estamos experimentando una revisión radical de las ideas que hasta ahora manteníamos acerca de nosotros mismos y de nuestro mundo, y muchas de las teorías que considerábamos sagradas, incluida la teoría original de la evolución, se van redefiniendo a medida que contamos con más información. En nuestro universo todo está conectado e interrelacionado, y nosotros, como seres humanos, somos parte activa de él.

El universo es una integración de campos de energía interdependientes.

La física cuántica nos dice que tanto nosotros como todo lo que nos rodea está compuesto de moléculas, que a su vez están integradas por átomos, constituidos por partículas subatómicas (protones, neutrones, electrones, quarks, etc.), que son minúsculos vórtices de energía invisible que giran y vibran de forma constante y con una cadencia propia. Serían como diminutos tornados, prácticamente «vacíos» por dentro y cada uno diferente del resto.

Para hacernos una idea de las dimensiones de las que estamos hablando, piensa en una naranja. Si cogemos esa naranja y la inflamos hasta que alcance el tamaño de la Tierra, cada uno de sus átomos tendría aproximadamente el tamaño de una cereza. Imagínate: millones de cerezas (átomos) apretujadas dentro de una naranja del tamaño de la Tierra. A su vez, para poder distinguir algo en el interior de una de esas cerezas, deberíamos inflarla hasta alcanzar unas dimensiones en las que cupiese un campo de fútbol. Llegados a ese punto, su núcleo parecería una diminuta uva de menos de un centímetro de diámetro, sus electrones serían mucho más pequeños, y todo lo demás en su interior sería espacio vacío.

El universo está formado de pequeñas partículas de energía infinitamente minúsculas. Poniendo suficiente cantidad de estas partículas energéticas juntas, obtenemos un átomo (hidrógeno, carbono, titanio, etc.). La unión de varios átomos forma moléculas (proteínas, grasas, hidratos de carbono, etc.), y de este modo llegamos a que todo lo que vemos a nuestro alrededor, y literalmente todo lo que existe, ya sea vegetal, animal, mineral, gas, líquido, sólido o cualquier otra cosa, está hecho de energía. En consecuencia, tanto tú como yo somos energía en continuo movimiento, y cada uno de nosotros presenta su propia frecuencia de vibración energética.

Cada uno de nosotros somos energía en continuo movimiento con una frecuencia de vibración energética propia.

Una ley de la física nos dice que cuando dos ondas de energía entran en contacto, se suman, produciendo una interferencia constructiva o destructiva, en función de si se encuentran acompasadas o no. Que se produzca una interferencia constructiva significa que se amplifica la energía, es decir, que nos sentimos mejor. Si, por el contrario, entramos en una interferencia destructiva con otra energía, es como si perdiésemos vitalidad. Esta es la razón por la cual cuando estamos en presencia de ciertas personas nos sentimos mal, mientras que delante de otras , o simplemente con pensar en ellas, nos ocurre todo lo contrario. También es la causa de que nos sintamos atraídos por unos determinados modelos de automóviles, unos colores, unas formas, etc., que no coinciden con los gustos de los demás.

Cada uno tiene su propia frecuencia de vibración energética, y por tanto reacciona de forma diferente al entrar en contacto con otras personas, animales u objetos.

Otra ley de la física afirma que allá donde exista energía actúa un campo magnético asociado. Como resultado, se produce la atracción o repulsión de otros campos magnéticos. En concreto, se atraen magnetismos similares y se repelen los opuestos. Que los perros se parezcan a sus amos no es casualidad, como tampoco lo es que se junten los niños traviesos, los estudiosos, las personas aficionadas a un determinado deporte, los pesimistas, etc.

En definitiva, aunque no seamos conscientes, estamos continuamente atrayendo a nuestra vida energías similares a las que emitimos. Si vibramos con una energía de tristeza, pesimismo, estrés, temor, culpabilidad o falta de autoestima, lo que atraeremos a nuestra vida serán situaciones y personas que entren en resonancia «constructiva» con esas vibraciones, de modo que haremos más fuertes esos sentimientos. Y al contrario, si vibramos con una energía positiva de alegría, optimismo, confianza o seguridad, atraeremos hacia nosotros situaciones y personas que amplifiquen y hagan más intensas esas emociones.

Los científicos también han demostrado que la frecuencia energética con la que cada uno de nosotros vibra tiene un impacto directo sobre el entorno que nos rodea y sobre nuestro propio cuerpo, fortaleciéndolo o debilitándolo. Asimismo, el regulador que permite modificar la frecuencia con que vibramos son nuestras emociones, de modo que las positivas fortalecen nuestro organismo y nuestro sistema inmunitario, mientras que las negativas lo debilitan y generan enfermedades. Cada emoción causa en nuestro cuerpo una frecuencia de vibración energética específica que transforma nuestra realidad física, tanto internamente como en nuestro entorno.

Nuestras emociones determinan la frecuencia energética con que vibramos.

La clave reside en controlar nuestras emociones, evitando que sean ellas las que nos controlen a nosotros. Y dado que nuestras emociones son el resultado de nuestras experiencias mentales, es nuestra mente, de forma consciente o inconsciente, la que posibilita la aparición de esas emociones y la que tiene el poder de controlarlas.

Como te indiqué antes, la mente humana presenta dos partes totalmente diferenciadas que debemos conocer: la mente consciente y la mente subconsciente. La primera es la creativa, la que nos permite adelantarnos o retroceder en el tiempo, planificar, establecer metas, analizar los resultados, etc. Ahora bien, adolece de una limitación importante, ya que su capacidad de procesar es muy reducida (cuarenta ciclos por segundo), por lo que puede realizar únicamente entre una y tres actividades a la vez.

Por su parte, la mente subconsciente tiene una capacidad de procesar enorme (veinte millones de ciclos por segundo), lo que le permite llevar a cabo miles de acciones al mismo tiempo. Pero lo hace de forma estrictamente maquinal, lo que significa que repite las mismas respuestas a las señales vitales una y otra vez. Sus actos son de naturaleza refleja y no están controlados por la razón o el pensamiento. Esto tiene importantes ventajas, ya que nos evita ser conscientes de todo lo que hacemos –respirar, masticar, parpadear, hacer la digestión, estornudar, conducir, etc.–, aunque también presenta desventajas, ya que una vez memorizado algo, reproduce siempre el mismo patrón de comportamiento.

La mente subconsciente es nuestro piloto automático, mientras que la mente consciente es el control manual.

El subconsciente es una base de datos en la que se almacena todo lo que experimentas a lo largo de tu vida, y cuya función se limita únicamente a interpretar las señales medioambientales y activar las respuestas apropiadas a cada situación sin hacer juicios ni preguntas. Podría compararse con un disco duro regrabable en el que se almacenan todas nuestras experiencias, así como las respuestas biológicas y emocionales que nos han resultado más útiles en esos momentos.

La información que alimenta a nuestra mente subconsciente es almacenada en forma de creencias durante toda nuestra vida, incluso antes de nacer, sobre la base de experiencias y vivencias tanto propias como ajenas. Esto nos lleva, en ocasiones, a pensar que nuestra mente consciente lo pueda rechazar, a descubrirnos reproduciendo comportamientos o actitudes de otras personas con las que hemos tenido relación (padres, abuelos, hermanos, amigos, profesores, etc.) o, por el contrario, huyendo de ellos.

Es nuestro subconsciente, responsable de más del 95% de nuestras decisiones y acciones diarias, el que dirige nuestras vidas basándose en las creencias que hemos ido almacenando.

Este hecho no nos permite tan solo mantener las constantes vitales sin necesidad de pensar en ello, sino que además resulta muy positiva en otras circunstancias, ya que habitualmente nos mantiene alejados del peligro. Sin embargo, al mismo tiempo puede impedirnos vivir la vida que realmente deseamos. Sentimientos de inferioridad, miedo, derrotismo, ansiedad, etc., no son más que patrones generados como respuesta a situaciones vividas anteriormente, y que teóricamente nos protegen de males mayores.

Los científicos dicen que estamos hechos de átomos, pero un pajarito me contó que estamos hechos de historias.

EDUARDO GALEANO

¿QUÉ DEBES HACER PARA CAMBIAR LOS PATRONES DE COMPORTAMIENTO QUE NO DESEAS?

Una creencia es la aceptación de aquello de lo que hemos sido testigos, hemos experimentado o conocido por nosotros mismos, incluso antes de nacer, o nos han transmitido otros mientras no teníamos capacidad para valorarlo.

Muchas de nuestras creencias son positivas y nos ayudan en el día a día. Son las negativas (las creencias limitantes), y los patrones creados a través de ellas, las que nos impiden ser quienes queremos ser y conseguir los objetivos que nos proponemos.

Creencias del tipo: «Nunca hago nada bien», «Es por mi culpa», «Si me enfado soy una mala persona», «No lo merezco», «Tengo muy mala suerte», etc., son perfectas para generar patrones de comportamiento denigrantes y autodestructivos, que nos mantienen anclados en la mediocridad.

Por el contrario, creencias como: «Consigo todo lo que me propongo», «Me amo y me respeto profundamente», «Soy muy afortunado», «Atraigo a mi vida todo lo que necesito en abundancia», etc., originan patrones altamente positivos.

Entender cómo se generan y funcionan nuestros propios patrones de comportamiento, así como los mecanismos de que disponemos para transformarlos, nos permite dejar de luchar contra ellos y hacer que nuestro subconsciente trabaje para conseguir nuestros objetivos.

Todos estamos programados sobre la base de determinadas creencias y bloqueos emocionales. La suerte es que podemos reprogramarnos.

En ocasiones, cuando la experiencia vivida lleva asociada una intensa carga emocional negativa, las creencias se nos graban con esa misma carga emocional (emociones atrapadas o bloqueos emocionales). A partir de este momento, cada vez que se activen esas creencias en nuestro subconsciente, también se activará dicha emoción, convirtiéndose de este modo en un acto reflejo sobre el que difícilmente nuestra mente consciente puede ejercer un control.

Nuestra mente subconsciente se encarga de crear coherencia entre nuestras creencias y nuestra realidad.

BRUCE LIPTON

Nos tratamos a nosotros mismos del mismo modo que lo hacían nuestros padres. Acostumbramos a atraer a nuestras vidas relaciones que reproducen el ambiente emocional de nuestro hogar de la infancia. Nos amamos y nos animamos imitando el modo en que nos amaban y animaban de pequeños. Inconscientemente, reproducimos una y otra vez las emociones que tenemos interiorizadas.

El modo en que se almacenan en nuestro cuerpo las creencias y los bloqueos emocionales es en forma de vibraciones energéticas en determinadas células. Entender esto es la clave para comprender los mecanismos que nos permitirán reprogramar nuestro subconsciente. Bastará con aplicar frecuencias de vibración energética que entren en resonancia constructiva o destructiva con nuestras creencias y emociones para reescribir nuestro futuro.

El único modo que tenemos de liberarnos de los patrones de comportamiento no deseados pasa por eliminar todas esas creencias limitantes y bloqueos emocionales con los que cargamos, y sustituirlos por creencias potenciadoras, que nos permitan alcanzar las metas que nos propongamos y asumir el control de nuestra propia vida.

Este proceso de transformación de hábitos o patrones de comportamiento, por medio de la modificación de creencias y la liberación de bloqueos emocionales, es lo que personalmente llamo *formación a nivel subconsciente*. No se trata de un proceso basado en la fuerza de voluntad y en el control consciente de nuestras reacciones durante largos periodos de tiempo, lo que supone un gran esfuerzo y mucha paciencia. Como comprobarás, es algo mucho más simple, rápido y efectivo.

Eliminar todas esas creencias limitantes y bloqueos emocionales que te impiden ser feliz es lo que harás en los próximos capítulos.

Sabrás quién eres cuando elimines todo
lo que los otros han querido que seas.

ALEJANDRO JODOROWSKY

3

Conócete

Un viaje de mil millas comienza con el primer paso.

LAO TSE

Bienvenido a uno de los capítulos más importantes de este libro. En él aprenderás a acceder a la sabiduría que encierra tu subconsciente para conocerte mejor y para guiarte en tu proceso de desarrollo personal.

Los conocimientos y técnicas que aprenderás en las páginas que siguen probablemente te resulten imprescindibles en tu día a día una vez descubras todo su potencial. Obtener respuestas de tu yo *no racional* respecto a cómo eres realmente, qué creencias y emociones dirigen tu vida o qué es lo mejor para ti en cada instante son algunos ejemplos de lo que puedes llegar a conseguir una vez interiorizado este capítulo.

En este libro me he centrado en la comunicación con nuestro propio subconsciente, pero es importante saber que las técnicas detalladas en este capítulo permiten ir mucho más allá, incluso lograr respuestas de lo que Carl Gustav Jung definió en su día como el inconsciente colectivo. Estableciendo claramente la intención y realizando correctamente el proceso, podemos obtener respuestas simples de *sí* o *no* a prácticamente cualquier pregunta que se nos ocurra.

La técnica que utilizarás para interrogar a tu subconsciente es el test muscular, que forma parte de la kinesiología (el estudio de los músculos y su movimiento).

Personajes ilustres como los doctores George Goodheart y John Diamond, que en la segunda mitad del siglo XX fueron pioneros en el desarrollo de la *kinesiología aplicada* y la *kinesiología de la conducta* respectivamente, han sido, en buena medida, los responsables del importante crecimiento de esta ciencia.

Experimentar las respuestas en primera persona, por medio de reacciones totalmente diferenciadas en nuestros propios músculos, más allá de nuestro control consciente, nos proporciona un plus de credibilidad y confianza, especialmente importante para aquellos que se encuentran por primera vez con esta realidad.

Asegúrate de realizar los ejercicios de este capítulo, y de los siguientes, en un lugar tranquilo y solitario. Evita hacerlo en lugares públicos y ruidosos o en aquellos donde sea fácil sufrir distracciones o interrupciones de cualquier tipo. También puedes llevar a cabo los ejercicios en pareja o en grupo, teniendo presente que tanto la velocidad como los efectos de la transformación serán distintos para cada persona.

Para triunfar has de abrir la mente antes que la boca.

RAFAEL HERNAMPÉREZ

TEST MUSCULAR

Lo que está delante de nosotros y lo que está detrás es poco importante comparado con lo que reside en nuestro interior.

OLIVER WENDELL HOLMES

El test muscular va a convertirse en una parte fundamental de tu proceso de desarrollo personal, ya que es la herramienta que te permitirá saber dónde te encuentras en cada momento y cuál es el camino que debes seguir para alcanzar tus metas. Será tu brújula particular.

Este test posibilitará que puedas hacerle preguntas a tu subconsciente para verificar si las creencias que has identificado son realmente tus creencias. Podrás preguntarle cualquier cosa a tu subconsciente, y la respuesta será siempre *sí* o *no*.

Al igual que el polígrafo, el test muscular se basa en la respuesta energética que nuestro organismo ofrece instantáneamente ante un estímulo: mostrará una respuesta muscular de fortaleza cuando los estímulos son positivos, y de debilidad cuando son negativos. Ya se trate de estímulos físicos, emocionales, intelectuales o de cualquier otro tipo, la respuesta que generan es siempre idéntica y reproducible. Cuando realizamos cualquier afirmación, nuestros músculos responden instantáneamente debilitándose si nuestro subconsciente considera que es falsa, al igual que cuando acercamos a nuestro organismo un estímulo físico desfavorable, como puede ser un edulcorante artificial. Por el contrario, si la afirmación es verdadera o el estímulo físico es favorable, nuestros músculos se fortalecerán.

Cabe resaltar que la respuesta de debilidad en esta prueba va siempre acompañada de una falta de sincronización de los hemisferios cerebrales, tal como demostró en el año 1973 John Diamond en la Academia de Medicina Preventiva Americana.

El test muscular podría realizarse prácticamente en cualquier músculo del cuerpo, ya que todos ellos reciben la misma señal energética. De hecho, son muchas las variantes que se pueden encontrar efectuando una simple búsqueda por Internet, pero lo cierto es que en algunos músculos se pueden diferenciar más fácilmente las respuestas afirmativas de las negativas.

Los test musculares más frecuentes requieren de la participación de dos personas: aquel que realiza el test y aquel al que se aplica. Sin embargo, hacerlo de este modo representaría una limitación o condicionamiento para tu proceso de desarrollo, ya que te haría depender de otra persona. Es por ello por lo que me centraré en algunas técnicas que pueden utilizarse de forma autónoma, lo que se denomina *autotest*.

A continuación encontrarás una descripción detallada de varios métodos de autotest muscular. El objetivo es que puedas experimentar con todos ellos y les dediques el tiempo suficiente para identificar aquel con el que mejor percibas la diferencia entre la respuesta afirmativa y la negativa. Hazlo de forma relajada y concentrándote en el ejercicio.

Debes saber que con cualquiera de los diferentes sistemas que te muestro, cuanto más practiques y lo utilices, mayor sensibilidad tendrás para identificar las respuestas.

TEST DEL BALANCEO

Personalmente considero este test el más sencillo, el que permite identificar con mayor facilidad el *sí* y el *no*, pero no tiene por qué ser tu caso. Debes ser tú mismo quien decida qué test te proporciona mayor confianza.

Sitúate de pie, en posición vertical, asegurándote de estar cómodo. El lugar en el que te encuentres ha de ser tranquilo y libre de distracciones.

A continuación, permanece parado, con los pies separados a la misma distancia aproximadamente que los hombros y las manos colgando a los costados. Realiza varias respiraciones profundas dejando ir todas tus preocupaciones, relajando tu cuerpo y centrando tu conciencia en las plantas de los pies. Cierra los ojos si te sientes más cómodo o te ayuda a concentrarte.

En pocos segundos notarás que es casi imposible permanecer completamente quieto. Tu cuerpo se moverá continuamente de manera suave en diferentes direcciones, mientras los músculos trabajarán para que puedas mantener la posición vertical. Te darás cuenta de que esos movimientos son ligeros y no están bajo tu control consciente.

Cuando hagas una afirmación positiva, verdadera o congruente, o cuando pienses en algo agradable, tu cuerpo se balanceará en alguna dirección, hacia delante, hacia atrás, hacia un costado, o simplemente se quedará quieto. Por regla general la respuesta es bastante rápida; pocos segundos son suficientes.

Por el contrario, si haces una afirmación negativa, falsa o incongruente, o si piensas en algo desagradable, tu cuerpo se balanceará en la dirección opuesta, o bien realizará un movimiento diferente.

La mayoría de la gente vincula la respuesta afirmativa con un balanceo hacia delante, y la negativa con un balanceo hacia atrás.

Algunas personas, con una elevada sensibilidad al magnetismo terrestre, necesitan estar orientadas hacia el norte al realizar este test.

Tanto para el test del balanceo que acabo de describirte como para los que verás a continuación, puedes realizar las siguientes pruebas:

- Di: «Me llamo _______________», utilizando primero tu nombre real y después otro falso.
- Piensa en alguien a quien ames, y luego en alguien a quien odies, temas o con quien estés resentido.
- Repite mentalmente: «Sí, sí, sí...» y luego hazlo con: «No, no, no».
- Di: «Hoy es (día de la semana correcto)», y luego hazlo con otro día incorrecto.
- Busca y mira una fotografía de Hitler o Stalin, y luego haz lo mismo con una de Gandhi o de la Madre Teresa.
- Toma las mismas fotografías de antes y mételas en sobres idénticos. A continuación, y sin saber lo que contiene cada sobre, elige uno y acércatelo al pecho. A continuación haz lo mismo con el otro.
- Acércate a la boca del estómago un sobre de azúcar o cualquier edulcorante artificial, y luego haz lo mismo con un sobre de stevia o simplemente con una pieza de fruta.

Puedes probar con cualquier otra afirmación o estímulo físico o emocional que se te ocurra. A medida que vayas obteniendo respuestas, comenzarás a identificar el verdadero potencial de esta herramienta.

TEST DEL ESLABÓN DE LA CADENA

Junta las yemas de los dedos índice y pulgar de la misma mano formando un círculo, haz lo mismo con los dedos índice y pulgar de la otra mano y engárzalos como si se tratara de dos eslabones de una cadena.

Luego, inspira y lleva tu conciencia a los dedos. Si estiras, deberían separarse, rompiéndose uno de los eslabones cuando la respuesta muscular es negativa. Si la respuesta muscular es positiva, tendrían que permanecer unidos pese a la presión ejercida.

Realiza el movimiento de forma suave, separando gradualmente las manos, sin brusquedad.

Los dedos índice y pulgar no deben presionarse con fuerza. Simplemente han de estar juntos manteniendo una ligera tensión.

La clave de este test radica en equilibrar la tensión de los dedos con el movimiento de separación de ambas manos, de modo que se pueda llegar a identificar la diferencia entre el *sí* y el *no*.

Puedes efectuar las pruebas indicadas anteriormente para verificar tu sensibilidad con este método.

TEST DE ROMPER EL ARO

Presiona las yemas de los dedos índice y pulgar de tu mano no dominante formando un círculo e introduce dentro de él el dedo índice de tu mano dominante.

Acto seguido, inspira y lleva tu conciencia a los dedos que están formando el círculo, manteniéndolos ligeramente en tensión. Con el dedo índice de la mano dominante harás fuerza, intentando abrirlo. Tan solo debería romperse cuando la respuesta muscular es negativa. Si es positiva, el círculo tendría que permanecer intacto, pese a la presión ejercida.

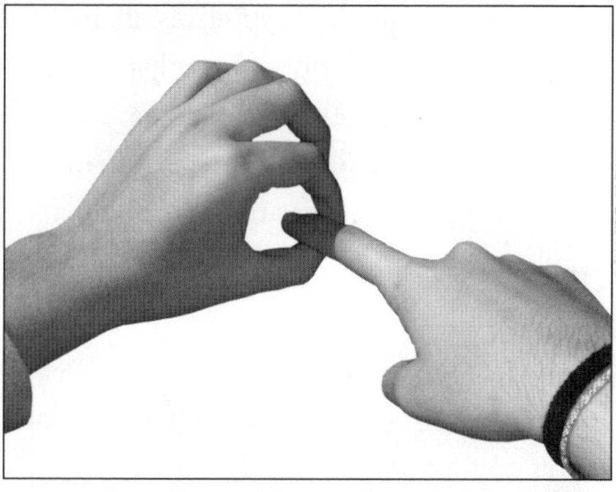

Realiza el movimiento de forma suave, desplazando gradualmente el dedo índice, sin brusquedad.

Los dedos índice y pulgar de la mano no dominante no deben presionarse con fuerza. Simplemente han de estar juntos manteniendo una ligera tensión.

Puedes realizar las pruebas señaladas anteriormente para verificar tu sensibilidad con este método.

OTRAS MODALIDADES DE AUTOTEST

Otras variantes que puedes probar para identificar las diferencias entre las respuestas afirmativas y negativas de tu subconsciente son las siguientes:

Extender los brazos. Extiende los brazos hacia los lados. Repite en voz alta o mentalmente la afirmación que quieres someter al test y muévelos con rapidez hacia el frente juntando las palmas de las manos con los dedos estirados. Fíjate en qué mano sobresale más lejos que la otra. Descubrirás que las respuestas afirmativas provocan que sea una mano la que sobresalga, mientras que las negativas hacen que sobresalga la otra. También puede suceder que en una de las respuestas (afirmativa o negativa), la extensión de ambas manos coincida.

Separar los dedos. Junta los dedos anular y pulgar de tu mano no dominante formando un círculo y sitúa los dedos índice y pulgar de la otra mano en su interior. A continuación, presiona con ellos hacia el exterior intentando que los dedos que forman el círculo se separen. Una respuesta afirmativa mantendrá la tensión, impidiendo la separación, mientras que una respuesta negativa permitirá que se rompa.

Presionar sobre el dedo índice. Coloca el dedo corazón sobre el índice –el índice recto y en tensión mientras presionas hacia abajo con el dedo corazón–. Una respuesta positiva impedirá que el dedo corazón baje, mientras que una respuesta negativa lo hará ceder.

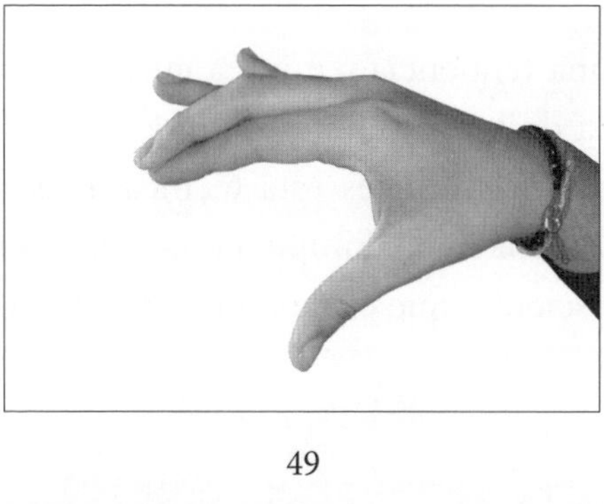

Tragar saliva. Di en voz alta o mentalmente la afirmación que quieres someter al test y luego intenta tragar saliva. Por lo general, la respuesta negativa provoca una dificultad para tragar, mientras que la afirmativa permite hacerlo con normalidad.

Juntar los dedos. Alinea los dedos índice y pulgar de tu mano no dominante en paralelo uno con el otro. Después coloca los dedos índice y pulgar de tu mano dominante por encima y por debajo respectivamente de los anteriores, realizando presión para que se junten. Una respuesta positiva impedirá que los dedos de tu mano no dominante se junten, mientras que una respuesta débil ocasionará que lo hagan.

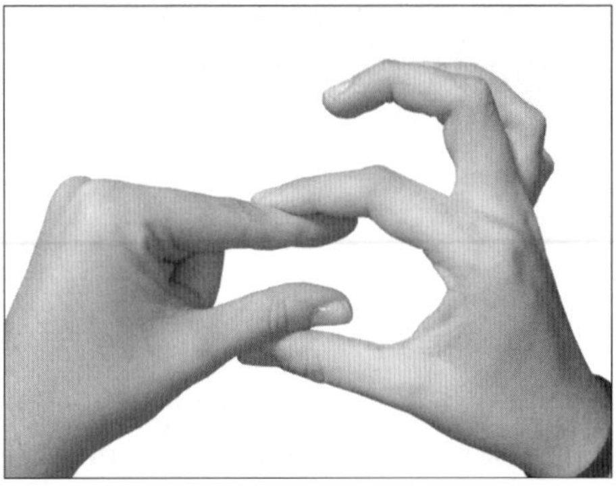

Existe una tendencia natural a cuestionarse, al principio, cada una de las respuestas obtenidas realizando el autotest. Cuanto más utilices esta técnica, más rápidamente desaparecerá dicha duda. Simplemente confía en ti mismo y en tu subconsciente, que es de donde emanan todas las respuestas.

Puedes emplear el test muscular para realizar consultas a tu subconsciente utilizando afirmaciones, preguntas de respuesta «sí» o «no», o por medio de cualquier otro estímulo. En consecuencia, una misma respuesta puede ser obtenida por medio de diferentes formulaciones. En el proceso de desarrollo incluido en los siguientes capítulos de este libro, optaré mayoritariamente por las afirmaciones.

En cualquier caso, hay algunas situaciones confusas con las que te puedes encontrar, para las que te será útil la siguiente información:

- Si la respuesta es débil (no) tanto con los estímulos positivos como con los negativos, estimula la glándula timo (en la parte superior del esternón) dando golpecillos suaves con las yemas de los dedos de una mano, o con los nudillos, a un ritmo de «un-dos-tres», mientras sonríes y piensas en alguien a quien amas. Realiza este ejercicio durante un par de minutos. Esta actuación te permitirá obtener respuestas correctas durante unas horas, pero no es la solución al problema. Transcurrido ese tiempo, cuando vuelvas a realizar el test muscular es probable que tengas que repetir la estimulación de la glándula timo.

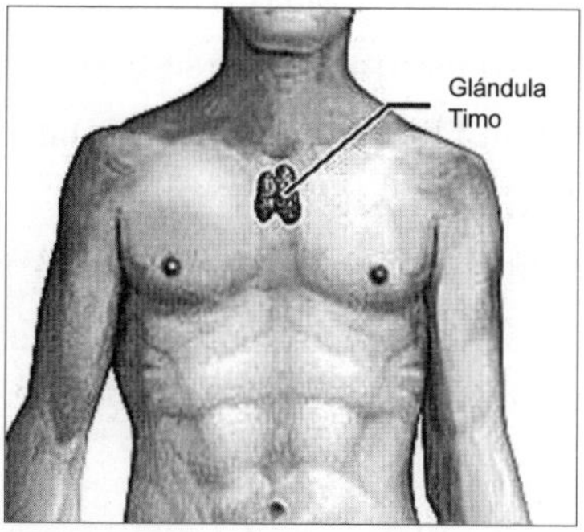

- Si la respuesta es fuerte (sí) tanto con los estímulos positivos como con los negativos, bebe un vaso de agua y espera unos segundos. Una ligera deshidratación en la boca provoca frecuentemente bloqueos energéticos, que se traducen en este tipo de respuestas erróneas.
- Si utilizando el test del balanceo, te encuentras la misma respuesta ante todo tipo de estímulo, y es la primera vez que lo practicas, no sabrás diferenciar si la respuesta es débil o fuerte. Dado que el problema más habitual cuando se obtienen respuestas confusas es una ligera deshidratación en la boca, deberías intentar la solución del vaso de agua, y en caso de no funcionar pasados unos minutos, estimular la glándula timo.

Si este es tu primer contacto con el test muscular, quizás te haya sorprendido. Es lógico. Se trata de una herramienta extremadamente útil, que te permitirá alcanzar un nivel de conocimiento ilimitado sobre ti mismo. Ahora bien, nunca hagas una pregunta si no estás preparado para la respuesta. La realidad puede ser bastante diferente de lo que tú piensas.

Una vez identificada la modalidad de test muscular con la que tienes más sensibilidad, puedes experimentar con las creencias y emociones incluidas en el Anexo 2 («Creencias»), o con cualquier otro estímulo que se te ocurra, ya sea físico, mental o emocional. Hacerlo te permitirá alcanzar un mayor conocimiento de ti mismo.

Procura tomarte el tiempo necesario para obtener la respuesta correcta en cada consulta. Evita ir demasiado rápido.

Cuando consideres que diferencias suficientemente las respuestas positivas de las negativas con alguna de las técnicas anteriores, somete al test muscular la siguiente pregunta:

¿Domino lo bastante el test muscular para continuar con el proceso de desarrollo personal incluido en este libro?

Si la respuesta es sí, continúa con el siguiente apartado. En caso de obtener una respuesta negativa, debes practicar algo más antes de continuar.

Los siguientes apartados de este capítulo te guiarán por un proceso de autoconocimiento. Anota todas las respuestas que vayas obteniendo en la sección «Situación inicial», en el Anexo 3 («Autoconocimiento»), o bien en una hoja aparte que deberás conservar hasta haber finalizado el libro. Es importante hacerlo, ya que volveremos a ella al final de tu proceso de desarrollo personal para evaluar tu progresión.

Lo importante es no dejar de hacerse preguntas.

ALBERT EINSTEIN

TUS EMOCIONES DIRECTRICES

Tanto en este como en los siguientes apartados de este capítulo deberás utilizar el test muscular para profundizar en el conocimiento de ti mismo. Procura no entrar a valorar o juzgar los resultados que vayas obteniendo. Permítete simplemente llevar a cabo este proceso de autodescubrimiento con la tranquilidad y confianza de que, con independencia de tu situación actual, al finalizar el proceso estarás mucho más cerca de ser la persona que tú quieres.

Si lo que vas descubriendo no encaja con lo que pensabas o te gustaría, no te sientas afectado negativamente, ya que en el siguiente capítulo tendrás la ocasión de liberar esos bloqueos emocionales y modificar las creencias limitantes que te impiden ser como realmente deseas. Además, conocer tu punto de partida es fundamental para que puedas valorar en toda su medida el importante salto que, a buen seguro, habrás realizado al finalizar este libro.

Por muy sorprendente que te parezca lo que descubras, una vez reflexiones sobre ello, te darás cuenta de que las respuestas que obtienes de tu subconsciente a través del test muscular siempre muestran la verdad.

En este apartado identificarás las emociones más relevantes que están al mando de tu vida a nivel profesional, de tu salud, de tus relaciones con la familia, con la pareja, con los amigos y con el dinero.

El siguiente proceso te permitirá reconocer la emoción más relevante en cada ámbito, gracias a la «tabla de identificación de emociones directrices». Para ello, someterás las afirmaciones que se incluyen a la prueba del test muscular que te proporcione más seguridad.

Deja de lado toda suposición o creencia que tengas con respecto al posible resultado, y permanece abierto a cualquier respuesta. Si en algún momento del proceso logras una respuesta conflictiva o poco clara, respira profundamente, relájate y repítete mentalmente: «Voy a obtener una respuesta que me permita identificar claramente la emoción que busco», e inténtalo de nuevo.

Tabla de identificación de emociones directrices

	CUADRO A	
	Columna A	**Columna B**
Fila 1	Vergüenza Ira - rabia	Tristeza - pena Frustración Desprotección
Fila 2	Arrogancia Desamparo	Fracaso Preocupación
Fila 3	Culpa Miedo Pérdida	Humillación Sufrimiento
Fila 4	Asco Lujuria Apatía	Amor no recibido Impotencia Soberbia
Fila 5	Confusión Odio Desesperación	Falta de control Engaño Rechazo
Fila 6	Anhelo Nerviosismo	Desprecio Obstinación Conflicto

	CUADRO B	
	Columna A	**Columna B**
Fila 1	Remordimiento Insatisfacción	Confianza Alegría
Fila 2	Coraje Equilibrio Perdón	Ansiedad Dependencia
Fila 3	Seguridad Gratitud	Satisfacción Optimismo Comprensión
Fila 4	Celos Orgullo Indecisión	Paz Entusiasmo
Fila 5	Serenidad Veneración	Inseguridad Resentimiento Desconsuelo
Fila 6	Estrés Abandono	Tranquilidad Compasión Amor incondicional

El proceso de identificación de la emoción te llevará a distinguir inicialmente el cuadro (A o B), luego la columna (A o B), la fila (1 a 6) y, por último, la emoción dentro de la cuadrícula. Exclusivamente en este último paso deberás leer las emociones que están incluidas en la tabla.

- *La emoción que dirige mi vida con más fuerza a nivel profesional está en el cuadro A* (si la respuesta es negativa, prueba con el cuadro B).
- *La emoción que dirige mi vida con más fuerza a nivel profesional está en la columna A* (si la respuesta es negativa, prueba con la columna B).
- *La emoción que dirige mi vida con más fuerza a nivel profesional está en una fila PAR* (si la respuesta es negativa, probar con una fila IMPAR).
- *La emoción que dirige mi vida con más fuerza a nivel profesional está en la fila 1* (en este punto deberás buscar en las filas 1, 3 o 5 si la respuesta a la pregunta anterior era impar, y en las filas 2, 4 o 6 si era par).
- Detén el proceso de búsqueda en el momento en que obtengas una respuesta afirmativa para una fila.
- Una vez ubicada la cuadrícula correspondiente de la tabla (cuadro, columna y fila), debes proceder a identificar la emoción. Para ello realiza la afirmación siguiente con cada una de las dos o tres emociones incluidas en dicha cuadrícula: *La emoción que dirige mi vida con más fuerza a nivel profesional es...*

Anota las respuestas que vayas consiguiendo en la sección «Situación inicial» del Anexo 3 («Autoconocimiento»).

Una vez obtenida la emoción directriz correspondiente al ámbito profesional, realiza todo el proceso sustituyendo «profesional» por «de salud», y luego haz lo mismo con «de relación con la familia», «de relación con la pareja», «de relación con los amigos» y «de relación con el dinero».

Hasta aquí has identificado las emociones que te guían en tu día a día, en las diferentes áreas de tu vida. Quizás te hayan sorprendido o tan solo te hayan permitido constatar algo que ya sabías. En cualquier caso, aunque se tratase de emociones negativas (bloqueos emocionales), déjalas aparcadas sin darles demasiada importancia, ya que en poco tiempo es posible que únicamente formen parte de tu pasado.

TUS CREENCIAS FUNDAMENTALES

A continuación, analizarás diez creencias limitantes que suelen estar detrás de una buena parte de los fracasos y decepciones que vivimos a diario. Al igual que en el caso de los bloqueos emocionales, no debe preocuparte el resultado obtenido al realizar el test muscular, ya que solo reflejará el punto de partida, y lo realmente importante son las creencias con las que te quedarás al finalizar este proceso.

Utiliza el test muscular con las siguientes creencias, y anota los resultados en la sección «Situación inicial» del Anexo 3 («Autoconocimiento»).

- *Me merezco ser infeliz.*
- *Mi vida es aburrida y carece de alicientes.*
- *Mis necesidades nunca pueden ser satisfechas siendo yo.*

- *Siempre busco culpables ante las dificultades.*
- *Bloqueo mis experiencias de aprendizaje.*
- *Quiero que las cosas se queden como están.*
- *Espero que ocurra lo peor.*
- *Otras personas y fuerzas controlan mi vida.*
- *Me odio a mí mismo.*
- *El universo es un lugar hostil.*

Si has obtenido una respuesta negativa en todas las creencias anteriores, muchas felicidades. Aun así te recomiendo continuar con el proceso, ya que hay mucho más por hacer. En caso de no haber obtenido respuestas negativas en todas las creencias, no te preocupes y olvídate por el momento de estos resultados. Volveremos a ellos cuando corresponda.

TU NIVEL DE CONCIENCIA

En este último punto del proceso de autoconocimiento identificarás tu propio nivel de conciencia según la escala definida por el doctor Hawkins.

El nivel de conciencia de cada persona no tiene nada que ver con el nivel cultural, de estudios, reconocimiento social, económico o de éxito profesional. Es por ello por lo que, en este caso más que nunca, debes estar abierto a cualquier resultado posible.

Lo normal es que cada individuo posea niveles de conciencia diferentes para cada área de su vida. Lo que haremos seguidamente será buscar tu nivel global, o lo que es lo mismo, aquel que aglutina todos los niveles de las diferentes áreas de tu vida.

No he profundizado en lo que representa cada nivel de conciencia dentro de la clasificación del doctor Hawkins, pero deberías saber que las conclusiones alcanzadas en sus extensos estudios nos indican, como te dije anteriormente, que el 85% de la población mundial presenta una conciencia por debajo del nivel 200, que únicamente el 0,4% de la población mundial posee un nivel energético igual o superior a 500 y que tan solo doce personas en todo el planeta se encuentran por encima del nivel 700.

Para conocer tu nivel exacto de calibración según la escala definida por el doctor Hawkins, sigue las siguientes instrucciones:

- Cierra los ojos y focaliza tu intención en la meta que persigues. Para ello repítete mentalmente: «*Voy a identificar con exactitud mi nivel de conciencia global según los parámetros del doctor Hawkins*».
  Esta parte del proceso es muy importante. Es la forma de definir con claridad lo que le estás preguntando a tu subconsciente. Recuerda que todos poseemos diferentes niveles para cada área de nuestra vida, de modo que una identificación adecuada de la pregunta es fundamental para obtener la respuesta correcta.
- A continuación, utilizando el test muscular, realiza un proceso que te permitirá ir acotando gradualmente tu nivel de conciencia, hasta que obtengas el número exacto. Comienza del siguiente modo: «*Mi nivel de conciencia es igual o mayor que 200*».

Mientras logres respuestas afirmativas, sumas 100 y vuelves a realizar el test muscular (300, 400, 500...). En el momento que se produzca una respuesta negativa, le restas 50 al último valor testado, y continúas con el proceso. Si por ejemplo la respuesta a la comprobación del 200 es no, prueba con el valor 150. Si vuelves a obtener un no, pasa al 100, y así sucesivamente hasta obtener una respuesta positiva.

La respuesta *«sí»* acota el rango por debajo, y la respuesta *«no»* por arriba. Por ejemplo, un sí a la consulta de si el nivel de conciencia es igual o mayor a 200 elimina la posibilidad de que se halle por debajo de este valor, mientras que un no a la consulta de si el nivel de conciencia es igual o mayor a 300 elimina la posibilidad de que se encuentre por encima de ese valor. En consecuencia, estará situado entre 200 y 299.

Una vez lo tengas acotado por arriba y por abajo, divide la diferencia entre dos y vuelve a comprobar. En el caso anterior deberías verificar el valor 250.

Continúa este proceso de acotamiento hasta conseguir un valor exacto.

Podría darse el caso de que tu nivel de conciencia esté a caballo entre dos valores, de modo que testando ambos la respuesta fuese positiva. En ese caso, quédate con el más alto. Recuerda anotar el resultado obtenido en la sección «Situación inicial» del Anexo 3 («Autoconocimiento»).

¡Enhorabuena por haber llegado hasta aquí!

Sin duda, el conocimiento que tienes sobre ti mismo habrá aumentado en las últimas horas. Se trata de una parte importante del proceso, ya que cualquier transformación interna requiere de la voluntad para llevarla a cabo. Sin el conocimiento de la situación real en la que te encuentras, en ocasiones resulta difícil ver la necesidad del cambio o tomar la determinación de llevarlo a cabo. En los próximos capítulos el cambio se hará realidad.

Sabemos lo que somos, pero aún no sabemos lo que podemos llegar a ser.

WILLIAM SHAKESPEARE

4

Aprende a volar

La esclavitud más denigrante es
la de ser esclavo de uno mismo.

SÉNECA

Imagina por un instante que tuvieras ante ti un ordenador conectado con tu mente subconsciente, a través del cual pudieras modificar la información que utiliza esta cuando determina tus acciones y reacciones, tanto físicas como emocionales. Exactamente eso es lo que te permiten las técnicas incluidas en este capítulo.

Ha llegado la hora de aprender a liberarte de esas emociones y patrones de comportamiento que te hacen distinto de la persona que realmente deseas ser.

La transformación de los patrones de comportamiento no deseados se conseguirá en la medida en que realices lo siguiente:

- *Liberar los bloqueos emocionales*. Un bloqueo emocional está provocado por una o varias emociones atrapadas, y el desbloqueo pasa por la identificación de estas emociones y la posterior neutralización de sus energías.
- *Transformar las creencias limitantes en creencias potenciadoras*. La solución no implica eliminar las creencias limitantes, sino sustituirlas por otras potenciadoras.

Ambas actuaciones son imprescindibles, y deben realizarse en un determinado orden para alcanzar lo más rápidamente posible los objetivos.

Como vimos en el capítulo 2, somos energía en continuo movimiento. Nuestras creencias y bloqueos emocionales son asimismo frecuencias vibratorias que afectan a una parte, o a la totalidad, de nuestras células. Las técnicas que aprenderás a continuación te permitirán acceder a esas frecuencias vibratorias no deseadas, por medio de mecanismos simples de activación o recirculación energética, tanto a nivel eléctrico como magnético. En definitiva, aplicarás energías con frecuencias energéticas similares a las utilizadas por esas creencias y emociones no deseadas, que al entrar en resonancia con ellas permitirán reprogramar nuestras memorias celulares.

En primer lugar, veremos una técnica que te permitirá librarte de los bloqueos emocionales que te están condicionando. A continuación, vendrán otras que te facilitarán la sustitución de creencias limitantes por creencias potenciadoras.

Estás a punto de descubrir algunos procedimientos que te darán libertad para ser quien realmente quieras y para vivir la vida que desees. Se trata de técnicas tremendamente simples, que cualquiera puede aprender y utilizar rápidamente. Ánimo...

Así como la mente consciente es la fuente del pensamiento, el subconsciente es la fuente del poder.

LORD BRISTOL

LIBERACIÓN DE BLOQUEOS EMOCIONALES

La técnica de liberación de bloqueos emocionales que utilizaremos está basada en *El código de la emoción,* del doctor Bradley Nelson. Te permitirá identificar las emociones atrapadas y neutralizar sus energías latentes.

En mayor o menor medida, prácticamente todos tenemos bloqueos emocionales. El simple hecho de vivir nos lleva a experimentar diferentes situaciones en nuestro día a día que hacen que la mayoría de nosotros vayamos almacenando emociones atrapadas. Cualquier nueva vivencia que nos genere una emoción similar a la que quedó atrapada la refuerza y la amplifica.

Únicamente las emociones atrapadas y los bloqueos emocionales negativos serán objeto de liberación por medio de esta técnica. Los generados a partir de emociones positivas resultan altamente beneficiosos, y son por tanto deseables. De ahí que los cursos de desarrollo de habilidades, o incluso de desarrollo personal, utilicen habitualmente ejercicios para provocar emociones positivas en los participantes.

Para lograr el desarrollo personal de la manera que te propongo en este libro, nos centraremos de forma exclusiva en la aplicación de esta técnica para liberar aquellos bloqueos emocionales relacionados con las áreas que trabajaremos en el próximo capítulo. En cualquier caso, debes saber que buena parte de las patologías físicas y emocionales que sufrimos tienen su origen en estos bloqueos, por lo que también puedes utilizar esta técnica de liberación como complemento a la medicina para tratar cualquier enfermedad. No dudes en hacerlo, ya que, como verás enseguida, la técnica recurre a la sabiduría de tu subconsciente, de modo que tanto si te resulta de utilidad como si no, siempre te lo hace saber. Además, el efecto de cualquier liberación de una emoción atrapada solo puede ser positivo.

Los resultados de su aplicación pueden notarse de forma instantánea, especialmente cuando existe algún tipo de malestar físico, aunque en la mayoría de las ocasiones los efectos son más sutiles y se observan con el paso de las horas o los días.

Antes de comenzar , debes hacerte con un imán de nevera. Será una de tus dos herramientas básicas de trabajo. La otra ya la conoces: es el test muscular.

En 1992, el investigador J. L. Kirshvink y sus colegas descubrieron magnetita (mineral negro compuesto de óxido de hierro) en las células del tejido cerebral humano. Las partículas cristalinas de magnetita son los imanes más pequeños que existen en la naturaleza, y están relacionadas con los ritmos ultradianos y circadianos del ser humano. Podemos ver sus efectos cada vez que nos desplazamos en avión a larga distancia, cuando sufrimos *jet lag*, mientras los ritmos circadianos de nuestro organismo se adaptan al nuevo patrón diurno y se reorienta nuestro campo electromagnético personal con los patrones del campo electromagnético terrestre del lugar donde nos encontramos tras el viaje.

La magnetita también existe en el cerebro de diversos animales que poseen la capacidad de orientarse con el campo magnético de la Tierra, como las palomas mensajeras, las abejas y los peces migratorios.

La existencia de ese mineral en nuestro cerebro hace que las terapias por estimulación magnética (imanes) sean realmente eficaces en muchos tipos de tratamientos.

En nuestro caso, el imán te servirá para amplificar la energía de tu intención a través del meridiano Gobernante. Este será el método por el cual te desharás de las emociones atrapadas y, por tanto, liberarás los bloqueos emocionales.

Las embarazadas y las personas que lleven marcapasos o implantes que puedan verse afectados por el campo magnético del imán solo deben utilizar esta técnica con la aprobación de un médico.

La técnica de liberación de bloqueos emocionales es realmente sencilla y consiste, en gran medida, en un diálogo con tu subconsciente, a fin de obtener información de las emociones que están generando el bloqueo. Antes de aplicarla por primera vez, es recomendable leer todos los pasos a fin de entender el proceso en su totalidad.

Una persona débil es aquella que permite que sus emociones controlen sus acciones. Una persona fuerte es aquella que permite que sus acciones controlen sus emociones.

OG MANDINO

Proceso de liberación de bloqueos emocionales

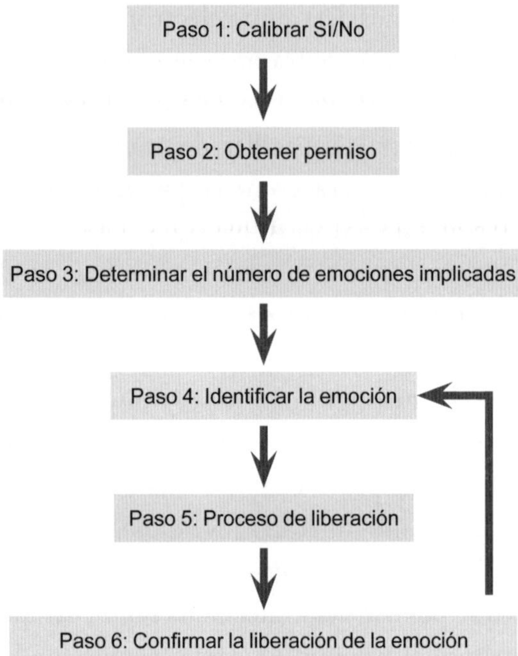

PASO 1. CALIBRAR SÍ/NO

Lo primero que debes hacer al iniciar cualquier proceso de liberación de bloqueos es identificar claramente las respuestas *sí* y *no* que obtienes a través del test muscular. El método más simple consiste en realizar el test con la frase: «*Mi nombre es...*», diciendo en una ocasión tu nombre correcto y en otra un nombre falso. Puedes probar también con cualquier otro estímulo que hayas identificado anteriormente y que te ofrezca la posibilidad de diferenciar claramente las respuestas.

PASO 2. OBTENER PERMISO

Somete al test muscular la siguiente afirmación: «Existe un bloqueo emocional que puedo liberar ahora».

En caso de buscar bloqueos emocionales que se correspondan con temas o patologías concretos, la consulta deberá tenerlo en cuenta. Por ejemplo: «*Existe un bloqueo emocional relacionado con este problema que puedo liberar ahora*».

Si la respuesta es sí, continúa con el paso 3.

Si la respuesta es n*o*, puedes asegurarte de que no existe ningún bloqueo preguntando: «*¿Existe un bloqueo emocional [relacionado con este problema] que no puedo liberar ahora?*». Si la respuesta a esta pregunta fuese afirmativa, tu subconsciente te estaría diciendo que de momento no está preparado para liberar dicho bloqueo, pero eso no quiere decir que en el futuro no lo esté. Lo que debes hacer en ese caso es volver a intentarlo posteriormente, quizás tras haber liberado algún otro bloqueo, o bien buscar un momento de mayor tranquilidad o en el que dispongas de más tiempo.

PASO 3. DETERMINAR EL NÚMERO DE EMOCIONES IMPLICADAS

Somete al test muscular la siguiente afirmación: «*Las emociones atrapadas que voy a liberar ahora son más de una*».

Si la respuesta es sí, continúa interrogando: «*Las emociones atrapadas que voy a liberar ahora son más de dos*», y así sucesivamente hasta obtener una respuesta *no*.

En el momento que obtengas el *no*, sabrás con exactitud el número de emociones que vas a identificar y liberar. Por ejemplo, si has obtenido un *sí* ante la afirmación «son más de una», y un *no* al decir «son más de dos», las emociones que deberás liberar serán dos.

PASO 4. IDENTIFICAR LA EMOCIÓN

El proceso de identificación de una emoción atrapada es muy similar al que utilizaste en el capítulo anterior para reconocer tus emociones directrices. En este caso harás uso de la «Tabla de identificación de emociones atrapadas», que se estructura en tres columnas y seis filas.

Debes permitir que sea tu subconsciente el que te guíe en la identificación de la cuadrícula, y posteriormente de la emoción concreta dentro de ella. Primero identificarás la columna, luego la fila y por último la emoción concreta dentro de la cuadrícula. Deja de lado toda suposición o creencia que tengas respecto del posible resultado, y permanece abierto a cualquier respuesta.

Para establecer la emoción atrapada, somete al test muscular las siguientes cuestiones. Si en algún momento del proceso consigues una respuesta conflictiva o poco clara, respira en profundidad, relájate y repítete mentalmente: «*Voy a obtener una respuesta que me permita identificar con claridad la emoción que busco*», e inténtalo de nuevo.

- Identificar la columna: «*La emoción atrapada está en la columna A*».

  Si la respuesta es negativa, prueba con la columna B, y luego con la C.
- Identificar la fila: «*La emoción atrapada está en una fila PAR*».

Si la respuesta es negativa, inténtalo con una fila IMPAR.

A continuación, busca la fila exacta (en este punto deberás mirar en las filas 1, 3 o 5 si la respuesta a la pregunta anterior era impar, y en las filas 2, 4 o 6 si era par): «*La emoción atrapada está en la fila 1...*».

Detén el proceso de búsqueda en el momento en que obtengas una respuesta afirmativa para una fila.

Tabla de identificación de emociones atrapadas

	Columna A	Columna B	Columna C
Fila 1	Vergüenza Ira - rabia	Tristeza - pena Frustración Soberbia	Remordimiento Insatisfacción
Fila 2	Arrogancia Desamparo	Fracaso Preocupación	Ansiedad Dependencia
Fila 3	Culpa Miedo Pérdida	Humillación Sufrimiento	Desprotección Desconsuelo
Fila 4	Asco Lujuria Apatía	Amor no recibido Impotencia	Celos Orgullo Indecisión
Fila 5	Confusión Odio Desesperación	Falta de control Engaño Rechazo	Inseguridad Resentimiento
Fila 6	Anhelo Nerviosismo	Desprecio Obstinación Conflicto	Estrés Abandono

Una vez ubicada la cuadrícula correspondiente de la tabla (columna y fila), debes proceder a identificar la emoción correcta. Para ello realiza la afirmación siguiente con cada una de las dos o tres emociones incluidas en dicha cuadrícula: «*La emoción atrapada es...*».

PASO 5. PROCESO DE LIBERACIÓN

El proceso de liberación de la emoción atrapada consta de dos partes. La primera consiste en indagar sobre el origen de dicha emoción, mientras que la segunda constituye realmente el proceso de liberación.

1. Indagar sobre el origen de la emoción. Hay ocasiones en las que el subconsciente requiere traer a la mente consciente alguna información adicional. Debes verificar si en este momento es así realizando la siguiente consulta: «Es necesario conocer más información sobre esta emoción».

En caso de obtener un *sí* por respuesta, comienza por identificar *cuándo quedó atrapada.* Si tienes alguna intuición, síguela, y verifica por medio del test muscular si el origen de la emoción se encuentra en ese acontecimiento. Si no tienes ninguna intuición, puedes dividir tu vida en diferentes periodos para localizar más fácilmente el año en que se originó la emoción atrapada. Simplemente ve preguntando y acotando el año, al igual que hiciste en el capítulo anterior al determinar tu nivel de conciencia. Por ejemplo, puedes consultar: «*Esta emoción quedó atrapada en los últimos diez años*». En caso de obtener un *sí*, podrías continuar: «*Esta emoción quedó atrapada en los últimos cinco años*», y así hasta llegar al año concreto.

A continuación vuelve a consultar: «*Es necesario conocer más información sobre esta emoción*». Si la respuesta es afirmativa, deberías indagar sobre quién estuvo involucrado en la creación de la emoción atrapada –si fue provocada por un desconocido, por un amigo, por un familiar, etc.– o cualquier otra información que se te ocurra que pueda serte de utilidad.

Puedes encontrarte con emociones que quedaron atrapadas antes de nacer. En ese caso, suele ser importante indagar de quién la heredaste –madre, padre, abuelos, etc.–, cuándo se generó, quién más estuvo involucrado en la situación que la originó, etc.

Cada vez que descubras información adicional, recuerda volver a preguntar si es necesario conocer más. En el momento que no sea preciso profundizar más en la emoción, puedes proceder a liberarla (punto 2).

En raras ocasiones ocurre que, a pesar de realizado todas las consultas que te vienen a la cabeza, el subconsciente todavía te indica que debes conocer más. Si es tu caso, deberás recurrir a alguna persona que pueda tener información adicional sobre el origen de la emoción. Pregúntale abiertamente sobre los sucesos que pudieron originar el bloqueo. El simple hecho de hablar lo que en muchas ocasiones son secretos de familia ayuda enormemente en el proceso de desbloqueo.

2. Liberar la emoción atrapada. Para emprender este proceso haz lo siguiente:

- Concéntrate en tu intención de liberar la emoción atrapada en tu cuerpo.
- Colócate el imán entre las cejas, sobre la piel, y mientras continúas respirando con normalidad deslízalo hacia arriba por el medio de la frente, continúa por la parte superior de la cabeza y luego hazlo bajar por detrás de la cabeza y por la parte posterior del cuello hasta donde puedas llegar cómodamente. Repítelo tres veces. Si se da la circunstancia de que en el

proceso de indagación has descubierto que la emoción fue heredada, debes repetirlo diez veces.

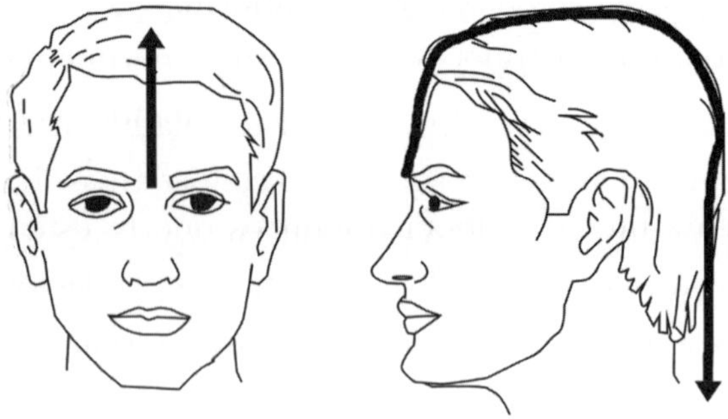

PASO 6. CONFIRMAR LA LIBERACIÓN DE LA EMOCIÓN

Para confirmar que la emoción se ha liberado, realiza la consulta: «Esta emoción ha sido liberada».

Si la respuesta obtenida es no, repite el apartado 2 del paso 5, incrementando tu nivel de concentración.

Lo habitual, sin embargo, es que la respuesta sea sí. En este caso, repite los pasos 4, 5 y 6 para las emociones atrapadas que queden (recuerda que en el punto 3 identificaste cuántas debías liberar). Si esta emoción era la última, has finalizado el proceso de liberación del bloqueo.

***

La liberación de todas las emociones atrapadas de un bloqueo emocional provoca automáticamente que dicho bloqueo quede liberado. En consecuencia, no es preciso realizar comprobaciones adicionales, aunque puedes hacerlas si lo deseas.

Los bloqueos emocionales que se han soltado desaparecen para siempre. Eso no impide, no obstante, que puedan aparecer en el futuro otros bloqueos similares como consecuencia de nuestras experiencias cotidianas.

Ahora que ya conoces el proceso, experimenta con él. Puedes aplicarlo de modo general, consultando si «existe algún bloqueo emocional que pueda liberarse ahora», o utilizarlo para buscar y liberar bloqueos que te estén condicionando en determinadas circunstancias o relaciones. Por ejemplo, podrías plantear si «existe algún bloqueo emocional en la relación con mi pareja que pueda liberar ahora».

Antes de continuar, aplica este proceso con la siguiente afirmación: «Existe algún bloqueo emocional que me impide obtener el máximo provecho de este libro y pueda liberar ahora».

ACTIVACIÓN CEREBRAL

En este apartado aprenderás la técnica del *paso cruzado*. Se trata de un ejercicio que permite establecer la activación de ambos hemisferios cerebrales.

PASO CRUZADO

La técnica del *paso cruzado,* también llamado *cross crawl*, facilita el transporte de energía entre los hemisferios derecho e izquierdo del cerebro, lo que produce su activación conjunta o sincronización.

Cualquier establecimiento de creencias potenciadoras requiere de la participación de ambos hemisferios. En ocasiones, nuestras propias creencias limitantes, de las que podemos o no ser conscientes, mantienen bloqueado de forma parcial o total uno de los hemisferios. En estos casos, el *paso cruzado* resulta fundamental para realizar una transformación de creencias con éxito.

Esta técnica es tan fácil como andar sin avanzar, y consiste en lo siguiente:

- De pie, levanta al mismo tiempo el brazo derecho y la pierna izquierda.
- Al bajarlos, levanta el brazo izquierdo y la pierna derecha.
- Continúa con este movimiento alternando las extremidades durante al menos un minuto. Mientras lo haces, respira profundamente, inspirando por la nariz y espirando por la boca.

En caso de tener algún impedimento para efectuar este ejercicio de pie, puedes realizarlo sentado. Para ello levanta la rodilla derecha y tócala con la mano izquierda. Vuelve a la posición inicial y levanta la pierna izquierda y tócala con la mano derecha. Continúa repitiendo este movimiento al tiempo que respiras profundamente, inspirando por la nariz y espirando por la boca.

Hay otras variantes que también son válidas, como por ejemplo:

- Levantando alternativamente las piernas, tocar la rodilla derecha con el codo izquierdo y la rodilla izquierda con el codo derecho, alternativamente.

Puedes realizar este ejercicio siempre que lo desees para sentirte más equilibrado, pensar con más claridad, mejorar la coordinación o equilibrar las energías de tu cuerpo. En el capítulo 5 te indicaré en qué momentos y de qué modo debes llevarlo a cabo dentro del proceso de transformación de creencias.

TRANSFORMACIÓN DE CREENCIAS

Aquí se incluyen tres técnicas que permiten la reprogramación de creencias a nivel subconsciente: *proceso de integración, proceso de canalización* y *proceso de contacto*.

Al contrario de lo que ocurre con los bloqueos emocionales, la transformación, o reprogramación, de creencias no requiere habitualmente la búsqueda del origen de las creencias actuales. Tan solo es necesario definir con claridad la nueva creencia y obtener el permiso del subconsciente para proceder con la reprogramación.

Técnicas energéticas basadas en los mismos principios científicos que las que aprenderás a continuación fueron sometidas a estudio por el neurocientífico Jeff Fannin, fundador y director ejecutivo del Centro para el Desarrollo Cognitivo de Arizona. En concreto, analizó los efectos sobre el cerebro de la utilización de diferentes técnicas de sustitución de creencias (PSYCH-K), y constató que eran enormes y prácticamente inmediatos. Al aplicar una de estas técnicas, se activan nuevas áreas cerebrales y se generan miles de conexiones neuronales nuevas, consiguiendo que ambos hemisferios se estimulen y trabajen conjuntamente en la creencia objeto de la transformación. En definitiva, se alcanza un estado de integración cerebral para esa creencia. Las imágenes siguientes muestran gráficamente algunos de los resultados obtenidos por el doctor Fannin, tras analizar la actividad de millones de puntos del cerebro, antes y después de la aplicación de una de estas técnicas.

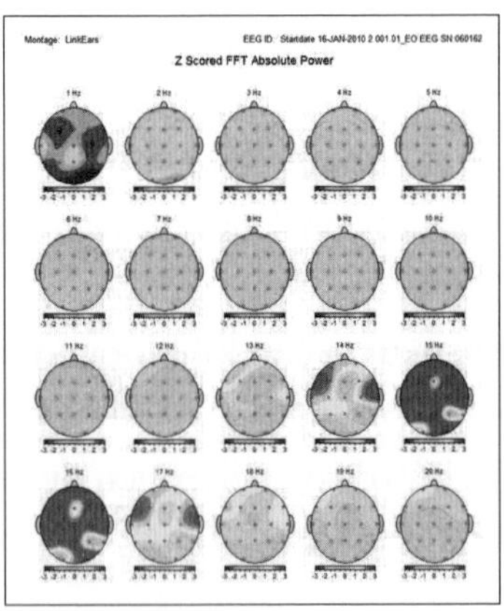

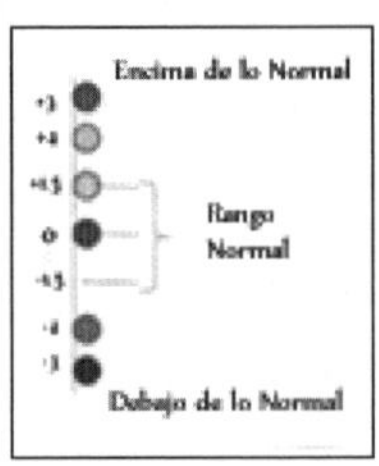

La imagen anterior revela la diferencia en la actividad cerebral en cada frecuencia, desde 1 hasta 20 Hz, rango en el que habitualmente se mueve el cerebro humano. Se observa con claridad el gran cambio producido en pocos minutos (un balance de PSYCH-K se realiza en menos de diez minutos), en las frecuencias de 1 Hz y en el rango de 14 a 17 Hz.

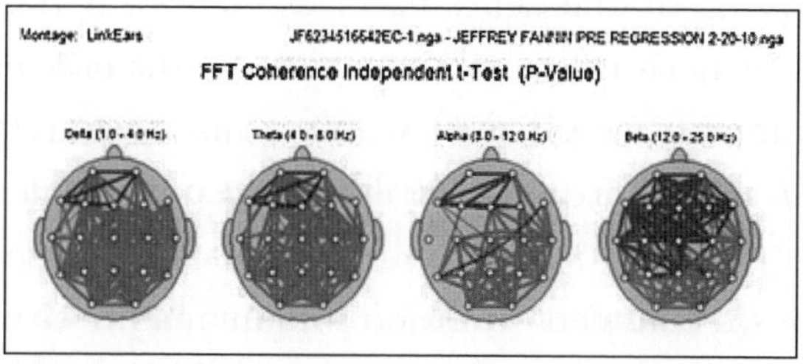

Este otro gráfico evidencia las conexiones neuronales existentes en el cerebro de un voluntario antes (color gris) y después (color negro) de realizar un cambio de creencia con un balance de PSYCH-K. Se observa claramente cómo en todas las frecuencias cerebrales se complementan las conexiones neuronales, añadiendo una mayor integración y participación de ambos hemisferios. Destaca en especial el nivel beta, donde, en este caso concreto, uno de los hemisferios se hallaba prácticamente inactivo al inicio, para pasar a estar totalmente activo al finalizar el proceso. Todos los estudios realizados por el doctor Fannin llegan a la misma conclusión: las técnicas energéticas de este tipo son el camino más rápido para alcanzar la integración cerebral y para modificar patrones de comportamiento.

PROCESO DE INTEGRACIÓN

El proceso de integración permite establecer una creencia potenciadora, eliminando de este modo la creencia limitante que existe en nuestro subconsciente.

Para realizar este proceso, sigue los siguientes pasos:

PASO 1. CALIBRAR SÍ/NO

Lo primero que debes hacer es identificar claramente las respuestas *sí* y *no* que obtienes a través del test muscular. El método más simple consiste en realizar este test con la frase: «*Mi nombre es...*», diciendo en una ocasión tu nombre correcto y en otra ocasión un nombre falso. Puedes probar también con cualquier otro estímulo que hayas identificado anteriormente y que te ofrezca la posibilidad de diferenciar claramente las respuestas.

PASO 2. SOMETE LA CREENCIA A UN TEST PREVIO

Somete al test muscular la creencia potenciadora que deseas grabar en tu subconsciente.

Si obtienes un *sí*, tu subconsciente ya posee esta creencia, de modo que no debes continuar con el proceso. Si obtienes un *no*, prosigue con el paso 3.

PASO 3. OBTENER PERMISO

Somete al test muscular la siguiente afirmación: «*Puedo procesar esta creencia ahora con el proceso de integración*».

Con un *sí*, continúa con el paso 4. Un *no* indica que, por el momento, no puedes procesar esta creencia, o bien que no puedes hacerlo en el proceso de integración. En estos casos, vuelve a intentarlo más adelante, especialmente si has procesado otra creencia, o bien prueba con alguno de los otros procesos.

PASO 4. PROCESAR LA CREENCIA

Sentado con las piernas separadas, cierra los ojos y respira profundamente inspirando por la nariz y espirando por la boca tres veces. Relájate y coloca los dedos de las manos a unos cinco centímetros a cada lado de la cabeza, por encima de las orejas.

Mientras te repites mentalmente la creencia, vas notando la concentración de la energía en las yemas de los dedos, cada vez más energía, hasta que esta circula conectando los dedos de ambas manos a través del cerebro. Cuando empieces a percibirlo, mantén la postura y disfruta de la sensación de saber que nuevas conexiones neuronales se están generando y están permitiendo la integración de ambos hemisferios.

Una vez lo hayas vivido con intensidad, acerca poco a poco las manos a la cabeza hasta que el contacto físico se produzca. En ese momento, permite que la energía de la creencia se expanda por todo tu cuerpo. Cuando consideres que ya está plenamente integrada, abre los ojos poco a poco.

PASO 5. CONFIRMAR EL PROCESO COMPLETO

Somete al test muscular la siguiente afirmación: «*Este proceso está completo*».

Si obtienes un *no*, vuelve al paso 4. Si se trata de un *sí*, verifica con el test muscular la creencia procesada.

En algunos casos, el sistema energético del cuerpo requiere de un breve lapso de tiempo para asimilar la transformación. Es por ello por lo que, en caso de obtener un *no* al verificar la creencia, debes esperar unos segundos (de diez a treinta) y volver a realizar la consulta.

PROCESO DE CANALIZACIÓN

Al igual que los otros dos procesos, el *de canalización* permite establecer una creencia potenciadora, eliminando de este modo la creencia limitante que existe en nuestro subconsciente.

El *proceso de canalización* únicamente difiere del *de integración* en el paso 4, correspondiente al procesamiento de la creencia. El resto de los pasos son idénticos:

PASO 1. CALIBRAR SÍ/NO

Lo primero que debes hacer es identificar claramente las respuestas *sí* y *no* que obtienes a través del test muscular.

PASO 2. SOMETE LA CREENCIA A UN TEST PREVIO

Somete al test muscular la creencia potenciadora que deseas grabar en tu subconsciente.

Si obtienes un *sí*, tu subconsciente ya posee esta creencia, de modo que no debes continuar con el proceso. Si obtienes un *no*, prosigue con el paso 3.

PASO 3. OBTENER PERMISO

Somete al test muscular la siguiente afirmación: «*Puedo procesar esta creencia ahora con el proceso de canalización*».

Con un *sí*, continúa con el paso 4. Un *no* indica que, por el momento, no puedes procesar esta creencia, o bien que no puedes hacerlo con el proceso de canalización. En estos casos, vuelve a intentarlo en otro momento, especialmente si has procesado otra creencia, o bien prueba con alguno de los otros procesos.

PASO 4. PROCESAR LA CREENCIA

Sentado con las piernas separadas, cierra los ojos y respira profundamente inspirando por la nariz y espirando por la boca tres veces. Relájate y coloca el dedo corazón de una mano apoyado en el entrecejo, y el de la otra en el pecho, a la altura de la glándula del timo. Mantén ambos dedos ejerciendo una ligera presión y empujando suavemente hacia arriba.

Mientras te repites mentalmente la creencia, vas sintiendo la energía en las yemas de los dedos, notando cada vez más energía. Continúa así hasta que percibas que la energía fluye perfectamente entre ambos puntos. En ese momento puedes abrir los ojos.

PASO 5. CONFIRMAR EL PROCESO COMPLETO

Somete al test muscular la siguiente afirmación: «*Este proceso está completo*».

Si obtienes un *no*, vuelve al paso 4. Si se trata de un *sí*, verifica con el test muscular la creencia procesada.

En algunos casos, el sistema energético del cuerpo requiere de un breve lapso de tiempo para asimilar la transformación. Es por ello por lo que, en caso de obtener un *no* al verificar la creencia, debes esperar unos segundos (de diez a treinta) y volver a realizar la consulta.

PROCESO DE CONTACTO

Al igual que los dos anteriores, el *proceso de contacto* permite establecer una creencia potenciadora, eliminando de este modo la creencia limitante que existe en nuestro subconsciente.

Para realizar este *proceso,* sigue los siguientes pasos:

PASO 1. CALIBRAR SÍ/NO

Lo primero que debes hacer es identificar claramente las respuestas *sí* y *no* que obtienes a través del test muscular.

PASO 2. SOMETER LA CREENCIA A UN TEST PREVIO

Somete al test muscular la creencia potenciadora que deseas grabar en tu subconsciente.

Si obtienes un *sí*, tu subconsciente ya posee esta creencia, de modo que no debes continuar con el proceso. Si obtienes un *no*, prosigue con el paso 3.

PASO 3. OBTENER PERMISO

Somete al test muscular la siguiente afirmación: «*Puedo procesar esta creencia ahora con el proceso de contacto*».

Con un *sí*, continúa con el paso 4. Un *no* indica que, por el momento, no puedes procesar esta creencia, o bien que no puedes hacerlo con el proceso de contacto. En estos casos, vuelve a intentarlo en otro momento, especialmente si has procesado otra creencia, o bien prueba con alguno de los otros procesos.

PASO 4. PROCESAR LA CREENCIA

Sentado con las piernas separadas, cierra los ojos y respira profundamente inspirando por la nariz y espirando por la boca tres veces. Relájate y coloca las yemas de los dedos de ambas manos apoyadas sobre las sienes, a ambos lados de la frente. Los dedos que deben estar en contacto con las sienes son el índice, el corazón y el anular. El meñique y el pulgar permanecerán estirados, sin entrar en contacto con la frente ni la cara.

Repítete mentalmente la creencia varias veces, hasta que notes alguna sensación física, mental o emocional, y permítete disfrutar de esa sensación durante unos segundos. Lo más habitual es que notes un ligero cosquilleo en los dedos y en las sienes. A continuación, abre los ojos poco a poco.

PASO 5. FIJAR EL CAMBIO DE CREENCIA

Con los ojos cerrados, junta las yemas de los dedos durante unos diez segundos mientras te repites mentalmente la creencia.

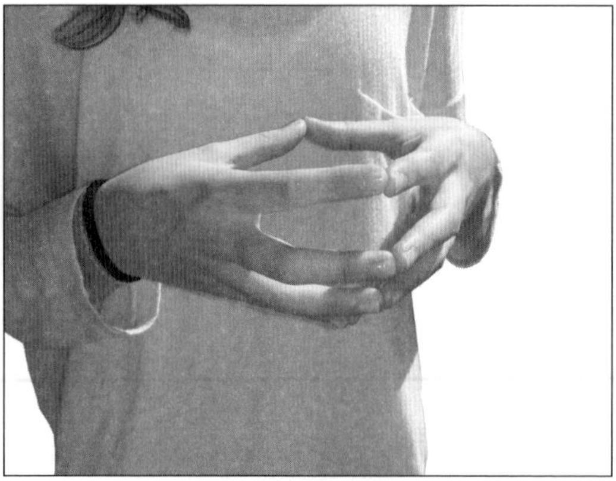

PASO 6. CONFIRMAR EL PROCESO COMPLETO

Somete al test muscular la siguiente afirmación: «*Este proceso está completo*».

Si obtienes un *no*, vuelve al paso 4. Si se trata de un *sí*, verifica con el test muscular la creencia procesada.

En algunos casos, el sistema energético del cuerpo requiere de un breve lapso de tiempo para asimilar la transformación. Es por ello por lo que, en caso de obtener un *no* al verificar la creencia, debes esperar unos segundos (de diez a treinta), y volver a realizar la consulta.

***

Ahora que ya conoces estas tres técnicas de reprogramación de creencias a nivel subconsciente (integración, canalización y contacto), ponlas en práctica con las creencias que encontrarás a continuación.

Debes procesar cada creencia una única vez.

Recuerda que es tu subconsciente el que te guía en todo momento durante el proceso, de modo que también lo hará a la hora de seleccionar la mejor técnica para cada creencia. Lo más habitual es que te permita llevar a cabo el proceso de transformación con cualquiera de las técnicas, pero puede ocurrir que no obtengas el permiso para procesar una determinada creencia con una de ellas en particular. En ese caso, inténtalo con otra accediendo directamente al paso 3 (obtener permiso).

Descubrirás también que ya tienes integradas algunas de las creencias a nivel subconsciente. En esos casos, pasa a la siguiente. Si las tienes todas integradas previamente, puedes experimentar con algunas del tipo de las que aparecen en el Anexo 2 («Creencias»).

- *Estoy en el camino correcto para ser feliz.*
- *Mi propio desarrollo personal es prioritario para mí.*
- *Yo soy el único capaz de controlar lo que ocurre en mi interior.*
- *La personalidad se puede moldear.*
- *Mi vida cambia cuando yo cambio.*

- *Todo lo que pienso, siento y hago se halla bajo mi control.*
- *Soy el único responsable de mis acciones.*
- *Estoy abierto a identificar mis miedos y aprovecharlos para avanzar en mi desarrollo personal.*
- *Me siento seguro y competente para seguir las instrucciones de este libro paso a paso.*
- *El proceso incluido en este libro me ayuda a evolucionar y desarrollarme como persona.*

PROCEDIMIENTO PARA EL DESARROLLO PERSONAL

En los puntos anteriores has aprendido varias técnicas energéticas que persiguen objetivos diferenciados. Ahora te mostraré cómo debes encajarlas para obtener los mejores resultados posibles en tu proceso de desarrollo personal.

El proceso de desarrollo objeto del siguiente capítulo está diseñado para potenciar la felicidad interior, y consta de cinco módulos. Cada uno te permitirá desarrollar un ámbito concreto de la personalidad y generar unos patrones de comportamiento positivos. La suma de todos ellos es lo que te habilitará para alcanzar un nivel de conciencia lo suficientemente elevado para SER feliz.

Dedica tres días a cada uno de los módulos, respetando las instrucciones que encontrarás a continuación. El primer día es el más importante y el que te ocupará más tiempo, ya que en él realizarás el proceso de transformación interna. El segundo lo dedicarás a observar cambios en ti mismo. Por último, el tercer día verificarás si debes realizar algún ajuste adicional.

Si ya sabes lo que tienes que hacer y no lo haces, entonces estás peor que antes.

CONFUCIO

DÍA 1. TRANSFORMACIÓN

Realiza las siguientes actividades en el orden indicado:

- *Liberación de bloqueos emocionales* que puedan afectar al desarrollo de las habilidades incluidas en el módulo (pág. 65).
- Realización de la técnica del *paso cruzado* para asegurarnos de tener ambos hemisferios activos al trabajar todas las creencias incluidas en el módulo (pág. 75).
- Transformación de cada una de las creencias incluidas en el módulo utilizando el *proceso de integración*, el de *canalización* o el de *contacto*, según corresponda (pág. 77).
- Por la noche, antes de dormir, realizar una visualización del objetivo cumplido (explicaré con mayor detalle cómo hacerlo en el próximo capítulo).

DÍA 2. OBSERVACIÓN

- Obsérvate a ti mismo, identifica pequeños o grandes cambios en tu forma de pensar, de actuar, de reaccionar, de sentir, etc., y anótalos en el Anexo 5 («Proceso de desarrollo personal»).
- Por la noche, antes de dormir, realiza una visualización del objetivo cumplido.

Proceso de transformación

Día 1. Transformación

1. Liberación de bloqueos emocionales
2. Paso cruzado
3. Transformación de creencias
4. Visualización nocturna

Día 2. Observación

1. Observar cambios y anotarlos
2. Visualización nocturna

Día 3. Comprobación

1. Verificación de bloqueos emocionales adicionales
2. Visualización nocturna

DÍA 3. COMPROBACIÓN

- Comprueba si hay algún otro bloqueo emocional que esté impidiendo la mejor evolución posible (pág. 65).

- Por la noche, antes de dormir, realiza una visualización del objetivo cumplido.

Esta visualización es una parte del proceso altamente recomendable, pero no imprescindible. Tanto la actividad de visualización como el momento concreto de realizarla son importantes al suponer, en sí mismos, un método de transformación. La utilización conjunta con el resto de las técnicas ayuda a reforzar y consolidar los temas trabajados con mayor rapidez.

Es fundamental que respetes estos plazos y no comiences el siguiente módulo hasta haber finalizado correctamente el anterior. Al tratarse de cinco módulos, tardarás quince días en completar el proceso. Sé paciente: tu conciencia te lo agradecerá.

5

Disfruta del vuelo

Intento liberar tu mente, pero yo solo puedo mostrarte la puerta; tú eres el que la debe atravesar.

MORFEO, EN LA PELÍCULA *MATRIX*

Ha llegado el momento de poner en práctica lo aprendido en los capítulos anteriores asumiendo completamente la responsabilidad de tu propio desarrollo interior.

Una vez te has familiarizado con algunas técnicas que te permiten establecer una comunicación bidireccional con tu subconsciente, vas a realizar tu primer vuelo con ellas. Las pondrás en práctica en un proceso de desarrollo muy concreto, con un objetivo claramente definido: *alcanzar un nivel de conciencia en el que vivir feliz pueda ser una realidad.*

Vimos en el capítulo 2 que la felicidad debe ser concebida como un estado interior, que únicamente puede lograrse cuando el nivel de conciencia personal lo permite.

En consecuencia, este capítulo te guiará por un proceso de elevación de conciencia dirigido a potenciar tu equilibrio y felicidad interior.

La evolución del nivel de conciencia basada en el desarrollo espontáneo, o en el esfuerzo de nuestra mente consciente, resulta tremendamente lenta, y sus resultados son muy limitados. La utilización de técnicas de transformación subconsciente, dentro de un proceso claro y definido de desarrollo del nivel de conciencia, es algo que permite alcanzar límites insospechados en periodos muy cortos de tiempo.

Mi objetivo personal con este libro es que, con independencia del nivel de conciencia inicial, todo aquel que realice correctamente los ejercicios propuestos finalice por encima del 200, según la escala definida por el doctor Hawkins, y que todo aquel que comience con un nivel superior al 200 al acabar el proceso lo haya superado. En definitiva, lo que persigo es guiar a todo el que lo desee en un proceso de desarrollo interior que le permita incrementar sustancialmente su nivel de conciencia.

Al igual que cada persona posee su propio nivel de conciencia inicial, cada uno tendrá su propia evolución y desarrollo. Este proceso debe ser natural, sin forzar ni marcarse objetivos extremadamente ambiciosos a corto plazo. Debes comenzar a caminar en la dirección correcta, y a partir de ahí, irás descubriendo la velocidad a la que puedes ir. Cada individuo es diferente, y todo proceso de desarrollo personal en la dirección adecuada es correcto, sin que importe lo que tarde en lograrse.

En el Anexo 1 («Niveles de la conciencia humana») tienes una definición de los niveles de conciencia humana especificados por el doctor Hawkins. Es importante que lo leas, si no lo has hecho todavía, ya que te proporcionará una nítida visión de lo que realmente supone alcanzar niveles de conciencia superiores.

No importa durante cuánto tiempo hayas tenido unas determinadas creencias limitantes o patrones de comportamiento que te hayan hecho cometer infinidad de errores. El momento fundamental es el presente, y como irás descubriendo, cualquier creencia o patrón de comportamiento puede ser cambiado.

A continuación tienes los cinco módulos en los que se divide este proceso: *yo conmigo, yo ahora, yo con mis metas, yo con los demás* y *yo feliz*. Es imprescindible respetar el procedimiento y los plazos establecidos, ya que están diseñados para alcanzar los mejores resultados.

En cada módulo encontrarás una visión general de comportamientos y valores deseables, así como el conjunto de creencias que reflejan dichos valores. La última parte del módulo te guiará en la aplicación del procedimiento necesario para realizar la transformación a nivel subconsciente, y de ese modo, establecer nuevos patrones de comportamiento.

YO CONMIGO

La gran tragedia de la vida no es la muerte.
La gran tragedia de la vida es lo que dejamos morir
en nuestro interior mientras estamos vivos.

NORMAN COUSINS

Sentirse bien con uno mismo es la piedra angular del puzle. Como vimos en el capítulo 2, la realidad energética de la que formamos parte hace que nuestro mundo, el mundo en que vivimos, sea un reflejo de nosotros mismos. Si no te gusta cómo eres y te aborreces, tampoco te gustarán los demás, y a ellos difícilmente les gustarás tú. Si sientes miedo, ansiedad o cualquier otra emoción negativa, atraerás a tu vida situaciones que refuercen dichas emociones.

La imagen que tienes de ti mismo determina hasta qué punto te gusta el mundo, el nivel de satisfacción que puedes esperar e incluso lo que vas a lograr en la vida. Tú decides la imagen que quieres mostrar de tu propia persona, tu propio valor, y determinas cuánta felicidad debes esperar. Tu mente subconsciente acepta cualquier cosa que quieras creer, y te dirige en la creación de esa realidad.

Pensar positivamente sobre ti mismo y tu situación es un requisito para alcanzar la felicidad. Por tanto, el primer paso que se ha de dar consiste en cambiar la manera en que pensamos y hablamos de nosotros mismos. Siempre debemos hablar bien de nosotros mismos. Si hablas negativamente de ti o te comportas de forma despectiva hacia tu persona, ¿qué esperas que hagan los demás?

Los optimistas tienden a centrarse en las soluciones y no en los problemas. Se fijan en sus fortalezas en lugar de hacerlo en sus debilidades y poseen unas expectativas mucho más altas que el promedio en todo aquello que hacen. El optimismo, al igual que el pesimismo, es una lente a través de la cual se ve el mundo que te rodea.

Una saludable autoestima te permite respetar tus propios deseos y también los de los demás.

Ser consciente de tu propia valía te lleva a no necesitar pregonarla para recibir el reconocimiento de otras personas. Puedes sentirte orgulloso de tus logros sin tener que divulgarlos. Proclamar los éxitos propios persigue el reconocimiento de los demás y refleja una falta de seguridad en uno mismo. Por el contrario, admitir las limitaciones demuestra fortaleza, seguridad en uno mismo, y es la vía para superarlas.

El conformismo es uno de los grandes enemigos del éxito y un amigo inseparable de la insatisfacción y la infelicidad. Aceptar los cumplidos que nos hacen dando las gracias es una forma de valorarnos.

Tratarnos con respeto a nosotros y a los demás es una manera de mostrar a la gente cómo merecemos y esperamos que nos traten. Una pobre imagen de nosotros mismos conduce a que los demás nos traten de acuerdo con ella.

Todos merecemos recibir respeto y amor simplemente por ser personas.

Cuando haces las cosas bien, felicítate y celébralo. De otro modo te infravaloras.

Diferencia claramente entre tu persona y tus actos. Son cosas muy distintas. Tú no eres tus actos, al igual que los demás tampoco son los actos que realizan.

Tu cuerpo está continuamente en proceso de cambio, reconstruyéndose momento a momento, enfermando o sanando según las órdenes que recibe de tu subconsciente. Son los patrones que este genera los que te mantienen sano o enfermo. Asegúrate de que tu subconsciente esté alineado con la salud.

Todos los conceptos y recomendaciones que acabas de ver, al igual que los incluidos en los siguientes módulos, puedes encontrarlos en multitud de libros de autoayuda. Ahora bien, son las creencias asociadas a estos conceptos y valores lo que realmente nos importa, ya que será a través de ellas como podremos transformar nuestros patrones de comportamiento y, en consecuencia, nuestra realidad.

CREENCIAS DEL MÓDULO «YO CONMIGO»

- *Soy único, especial e irreemplazable.*
- *Me siento a gusto y dichoso de ser yo.*
- *Me amo a mí mismo.*
- *Merezco amarme y que me amen.*
- *Confío en mí mismo y en mis decisiones.*
- *Soy una buena persona.*
- *Soy una persona íntegra y coherente.*
- *Me perdono a mí mismo y a los demás por los errores cometidos en el pasado, presente y futuro.*
- *Aceptar mis propios errores me hace más fuerte.*
- *Las cosas son simples y yo las percibo de ese modo.*
- *Cada día soy más fuerte, sabio y decidido.*
- *Afronto los retos con entusiasmo y seguridad.*

- *Yo soy el que decide enfadarse o no ante cualquier circunstancia.*
- *Las cosas siempre suceden por alguna razón.*
- *Confío en que ocurra lo mejor.*

***

Para llevar a cabo el proceso de desarrollo personal de este módulo, sigue las siguientes instrucciones:

DÍA 1. TRANSFORMACIÓN

- Aplica la técnica de *liberación de bloqueos emocionales* (pág. 65), realizando la siguiente consulta en el paso «obtener permiso»: «*Existe un bloqueo emocional que dificulta el correcto desarrollo del módulo "yo conmigo" y que puedo liberar ahora*».
- Efectúa la técnica del *paso cruzado* (pág. 75) durante un minuto mientras te repites mentalmente: «*Activo todo mi cerebro para sentirme bien conmigo mismo*».
- Procesa todas y cada una de las creencias incluidas en la lista anterior utilizando el *proceso de integración*, el *proceso de canalización* o el *proceso de contacto* (pág. 77).
  Utiliza el proceso que más te guste para cada creencia. Será tu subconsciente el que, en el punto 3 («obtener permiso»), te dirá si es el adecuado o no para esa creencia. En caso de obtener un *no* por respuesta, pasa directamente al punto 3 de otro proceso.
  Es posible que para alguna creencia no consigas el permiso para continuar con ninguno de los tres procesos. No te preocupes, se trata tan solo de una

cuestión de orden. Deja esa creencia para el final de la lista, y cuando hayas procesado el resto, vuelve a ella.

Es muy probable que ya tengas previamente interiorizada alguna creencia. Si es así, continúa con la siguiente de la lista.

Una circunstancia que se da con frecuencia es que al transformar una creencia, automáticamente lo hacen otras del mismo grupo. Es por ello por lo que debes aplicar el proceso para cada creencia en el orden establecido.

- Por la noche, antes de dormir, realiza una visualización del objetivo cumplido.

  Tumbado en la cama, cierra los ojos y relájate. A continuación, visualiza mentalmente una situación en la que sientas que *eres una persona segura, orgullosa de ser quien es, que se ama y confía en sí misma, que tiene la capacidad de perdonarse por sus errores, que controla sus emociones y confía en el futuro.*

  Durante la visualización, disfruta del sentimiento que te genera ser esa persona e imagina situaciones concretas en tu nueva vida siendo de ese modo. Si te quedas dormido mientras estás realizando la visualización, perfecto.

DÍA 2. OBSERVACIÓN

- Toma conciencia de ti mismo y obsérvate. Identifica los pequeños o grandes cambios que se producen en tu forma de pensar, de actuar, de reaccionar, de sentir, etc., y anótalos en el Anexo 5 («Proceso de desarrollo personal»).

Si te resulta difícil identificar cambios, no te preocupes. Que no los percibas no significa que no se produzcan. En ocasiones, los demás se percatan de ellos antes que nosotros mismos.

- Por la noche, antes de dormir, realiza la misma visualización que el día 1.

DÍA 3. COMPROBACIÓN

- Aplica la técnica de *liberación de bloqueos emocionales* (pág. 65) para verificar si existe algún bloqueo emocional que esté impidiendo la mejor evolución posible para este módulo. En el paso «obtener permiso» utiliza la siguiente consulta: «*Existe un bloqueo emocional que dificulta la mejor evolución posible para este módulo y que puedo liberar ahora*».
- Por la noche, antes de dormir, realiza la misma visualización que los días 1 y 2.

Al día siguiente pasa al módulo «*yo ahora*».

YO AHORA

Solo existen dos días en el año en que no se puede hacer nada. Uno se llama ayer y otro, mañana. Por lo tanto, hoy es el día ideal para amar, crecer, hacer y, principalmente, vivir.

DALAI LAMA

Lo único que existe es el momento presente. El futuro es tan sólo una posibilidad, mientras que el pasado ya no volverá. Todo se encuentra en un proceso de transformación. *Lo único que realmente tienes es el ahora*.

Frecuentemente posponemos los placeres y las alegrías pensando que los disfrutaremos más en algún momento futuro. Craso error. Debemos recrearnos en el único instante que realmente tenemos: ahora. Hemos de disfrutar del camino, y no esperar llegar al final para hacerlo.

El miedo es la preocupación por los problemas que pueden ocurrir en el futuro. Sin embargo, no tiene una base sólida. Es simplemente la interpretación que hacemos sobre una hipotética situación futura. Cuando te concentras en el presente, el miedo desaparece.

La palabra «preocuparse» significa «ocuparse anticipadamente». En consecuencia, es una pérdida de tiempo.

Saber perdonar es una habilidad de las personas que viven en el momento presente. Por el contrario, mantener el rencor es aferrarse al pasado. Debes entender que perdonar, o no hacerlo, es una cuestión exclusiva de quien debe dar el perdón, y no de quien lo recibe. Es aquel quien arrastra la carga de no haber perdonado.

Habitualmente la falta de perdón va de la mano con una actitud de culpabilizar a terceros, o incluso a uno mismo. Se trata de un reforzamiento del anclaje al pasado, que sirve como excusa para no actuar en el presente.

La culpa es sentirse mal por algo que se ha dicho o hecho. Vivir en la culpa es vivir en el pasado.

Las excusas te mantienen anclado en el mismo patrón de comportamiento. Hacen que nada cambie, excepto el hecho de que se acaban convirtiendo en realidad.

Con frecuencia no nos paramos a pensar que nuestras necesidades básicas están satisfechas. Casi todos nosotros tenemos aire para respirar, comida para alimentarnos y un techo para resguardarnos. Además, ¿qué es lo peor que nos podría suceder? Y en ese caso, ¿seguiríamos con vida? Este tipo de reflexiones que permiten analizar con una cierta perspectiva las circunstancias del día a día son únicamente posibles viviendo en el momento presente.

Cualquier contratiempo del presente en breve será parte del pasado. Es importante distanciarse mentalmente a la hora de analizar las situaciones conflictivas. Si te involucras en el problema, formas parte de él. Observarlo desde una perspectiva diferente te ayuda a encontrar la mejor solución.

Por lo general, tendemos a fijarnos en aquello que funciona mal, dejando de lado todo lo que lo hace bien. De este modo, olvidamos uno de los efectos de nuestra realidad energética: quien piensa constantemente en lo que le falta tiende a recibir cada vez menos de lo que desea.

Las épocas difíciles son experiencias extremadamente valiosas que te hacen crecer y desarrollarte. Cuando la situación mejora, tú también has mejorado como persona. Es por ello por lo que debes afrontar estas etapas con confianza, con la frente alta y manteniendo tu mejor sonrisa.

Los problemas son únicamente interpretaciones que hacemos de la realidad. Es mucho más práctico y gratificante afrontar estas situaciones como oportunidades o retos, y disfrutar del proceso.

Despréndete de lo viejo y ábrete a lo nuevo. Cuando te aferras a lo viejo, vives en el pasado y te estancas.

Los niños son un modelo perfecto en el que fijarnos para aprender a vivir en el presente. Ellos están totalmente absortos en el ahora. Es al crecer cuando permitimos que los problemas del pasado y las preocupaciones del futuro influyan en el presente. Una de las claves de la felicidad consiste en fijar la mente en el presente.

CREENCIAS DEL MÓDULO «YO AHORA»

- *Mi vida tiene sentido y disfruto viviéndola.*
- *Hoy es el día más importante de mi vida.*
- *Acepto el mundo tal como es.*
- *El universo es un lugar acogedor y me proporciona todo lo que necesito.*
- *Valoro y disfruto el presente sin aplazarlo para el futuro.*
- *Preocuparse es una pérdida de tiempo.*
- *Me resulta fácil y agradable cambiar.*
- *Hago las cosas lo mejor que puedo y lo mejor que sé.*
- *Aprendo de todas las experiencias de la vida, incluyendo las difíciles y dolorosas.*
- *Los errores del pasado son historia y los he superado.*
- *Miro las situaciones concretas de mi vida con perspectiva.*

- *Soy capaz de usar mi pensamiento en cualquier sentido que quiera, con independencia de lo que esté sucediendo en el mundo exterior.*
- *Centro mis pensamientos en lo que deseo y es productivo, ignorando lo que temo.*
- *Tengo capacidad para concentrarme en aquello que hago.*
- *Quiero y acepto mi cuerpo tal como es.*

***

Para llevar a cabo el proceso de desarrollo personal de este módulo, sigue las siguientes instrucciones:

DÍA 1. TRANSFORMACIÓN

- Aplica la técnica de *liberación de bloqueos emocionales* (pág. 65), realizando la siguiente consulta en el paso «obtener permiso»: «*Existe un bloqueo emocional que dificulta el correcto desarrollo el módulo "yo ahora" y que puedo liberar en este momento*».
- Efectúa la técnica del *paso cruzado* (pág. 75) durante un minuto mientras te repites mentalmente: «*Activo todo mi cerebro para vivir y disfrutar en el ahora*».
- Procesa todas y cada una de las creencias incluidas en la lista anterior utilizando el *proceso de integración*, el *proceso de canalización* o el *proceso de contacto* (pág. 77).

  Utiliza el proceso que más te guste para cada creencia, y recuerda que es tu subconsciente el que te guía en todo momento.
- Por la noche, antes de dormir, realiza una visualización del objetivo cumplido.

Tumbado en la cama, cierra los ojos y relájate. A continuación, visualiza mentalmente una situación en la que sientas que *eres una persona que sabe valorar el momento presente, que deja el pasado atrás, que supera los errores, que no se obsesiona por el futuro, que está libre de todo tipo de miedos y ansiedades, que no culpa a nadie, que perdona y que disfruta cada momento como si fuera la última oportunidad que tiene para hacerlo.*

Durante la visualización, disfruta del sentimiento que te genera ser esa persona, e imagina situaciones concretas en tu nueva vida siendo de ese modo. Si te quedas dormido mientras estás realizando la visualización, perfecto.

DÍA 2. OBSERVACIÓN

- Toma conciencia de ti mismo y obsérvate. Identifica los pequeños o grandes cambios que se producen en tu forma de pensar, de actuar, de reaccionar, de sentir, etc., y anótalos en el Anexo 5 («Proceso de desarrollo personal»).

  Si te resulta difícil identificar cambios, no te preocupes. Que no los percibas no significa que no se produzcan. En ocasiones, los demás se percatan de ellos antes que nosotros mismos.
- Por la noche, antes de dormir, realiza la misma visualización que el día 1.

DÍA 3. COMPROBACIÓN

- Aplica la técnica de *liberación de bloqueos emocionales* (pág. 65) para verificar si existe algún bloqueo emocional que esté impidiendo la mejor evolución posible para este módulo. En el paso «obtener permiso» utiliza la siguiente consulta: «*Existe un bloqueo emocional que dificulta la mejor evolución posible para este módulo y que puedo liberar ahora*».

- Por la noche, antes de dormir, realiza la misma visualización que los días 1 y 2.

Al día siguiente pasa al módulo «yo con mis metas».

YO CON MIS METAS

> Abraham Lincoln fracasó en los negocios a los treinta y un años; a los treinta y dos perdió las elecciones para un puesto público; fracasó nuevamente en los negocios a los treinta y cuatro; a los treinta y seis sufrió un colapso nervioso; perdió como candidato para el Congreso a los cuarenta y tres, a los cuarenta y seis y a los cuarenta y ocho; perdió como candidato a senador a los cincuenta y cinco; fracasó en su deseo de ser vicepresidente de los Estados Unidos a los cincuenta y seis, y perdió otra vez como candidato a senador a los cincuenta y ocho. A los sesenta fue elegido presidente de los Estados Unidos, y hoy se le recuerda como uno de los grandes líderes de la historia universal.

Debemos tener metas, no tanto para alcanzarlas como para perseguirlas. Lo importante no es el hecho de conseguirlas, sino lo aprendido y vivido durante el proceso. Somos más felices en la mitad de un proyecto que al finalizarlo.

Perseguir un objetivo te hace evolucionar como persona y desarrollar una serie de valores y capacidades: determinación, disciplina, compromiso, perseverancia, persistencia, persuasión, seguridad, etc. *Es más importante el hecho de tener una meta que la meta en sí misma.*

Cuando nos aferramos a una meta, sentimos un apego excesivo por el resultado, que nos aleja del momento presente. Debes trabajar por el gusto de hacer las cosas bien, y confiar en que los resultados llegarán. Descubre aquello que te encanta hacer, llévalo a cabo, y te dedicarás a ello con tanto amor que los resultados llamarán a tu puerta.

Tener metas y perseguirlas supone que aparezcan obstáculos y dificultades que nos hacen crecer y nos ayudan a corregir la dirección por la que avanzamos. Pero ten presente que, como en el caso de Abraham Lincoln, a los ganadores se los recuerda por el éxito, no por los fracasos previos.

Lo único que limita nuestro éxito es la idea de que no seremos capaces de lograrlo. Tener o no esta creencia condiciona nuestro compromiso, así como el esfuerzo y perseverancia que ponemos para alcanzar las metas.

Perseguir un objetivo implica asumir riesgos. Aquel que no esté dispuesto a hacerlo jamás alcanzará meta alguna. Los miedos que vamos acumulando con los años son el mayor freno a la hora de arriesgarnos y, consecuentemente, de alcanzar el éxito.

En la medida de lo posible, debes ser autosuficiente. Cuanto más dependas de los demás, en mayor medida estará tu felicidad en sus manos. Pese a ello, has de pedir aquello que necesites. Pedir es una forma de mostrar autovaloración y autoestima, así como el primer paso para que los demás sepan lo que quieres.

Los niños vuelven a ser en este caso un modelo. Sin prejuicios, se adaptan al curso de los acontecimientos, y poseen una gran determinación, perseverancia, imaginación, espontaneidad y aceptación.

Hay personas que sin estudios logran el éxito y la felicidad. Hay personas que ganan dinero en épocas de crisis como la actual. Hay personas que aun sin posesiones son enormemente felices... Las metas se las pone cada uno, y cada uno es el responsable de valorar su propio desempeño.

****

CREENCIAS DEL MÓDULO «YO CON MIS METAS»

- *Soy un ganador, y una fuente abundante y creciente de prosperidad.*
- *Me permito alcanzar la vida que deseo.*
- *Merezco ser próspero.*
- *Soy capaz de conseguir cualquier cosa que me proponga, aunque los demás piensen lo contrario.*
- *Tengo claras mis metas y me comprometo conmigo mismo para alcanzarlas.*
- *Me esfuerzo y soy perseverante, constante y paciente a la hora de lograr mis metas.*
- *Asumo los riesgos necesarios.*
- *Tomo decisiones con seguridad, facilidad y rapidez.*
- *Todo lo que necesito me llega fácilmente en el momento apropiado.*

- *Me siento bien con mis éxitos, y sé quién soy rodeado de gente exitosa.*
- *Soy consciente de mis dones y los uso para generar riqueza para mí y para los demás.*
- *Soy excepcionalmente creativo cuando me lo propongo.*
- *Siempre tengo elección.*
- *Disfruto persiguiendo mis metas.*
- *Todo es posible.*

Para llevar a cabo el proceso de desarrollo personal de este módulo, sigue las siguientes instrucciones:

DÍA 1. TRANSFORMACIÓN

- Aplica la técnica de *liberación de bloqueos emocionales* (pág. 65), realizando la siguiente consulta en el paso «obtener permiso»: «*Existe un bloqueo emocional que dificulta el correcto desarrollo del módulo "yo con mis metas" y que puedo liberar ahora*».
- Efectúa la técnica del *paso cruzado* (pág. 75) durante un minuto, mientras te repites mentalmente: «*Activo todo mi cerebro para disfrutar alcanzando mis metas*».
- Procesa todas y cada una de las creencias incluidas en la lista anterior utilizando el *proceso de integración*, el *proceso de canalización* o el *proceso de contacto* (pág. 77).
  Utiliza el proceso que más te guste para cada creencia, y recuerda que es tu subconsciente el que te guía en todo momento.
- Por la noche, antes de dormir, realiza una visualización del objetivo cumplido.

Tumbado en la cama, cierra los ojos y relájate. A continuación visualiza mentalmente una situación en la que sientas que *eres una persona próspera, un ganador, alguien que consigue todo aquello que se propone a pesar de las dificultades, que asume riesgos, que se esfuerza y es perseverante, para quien todo es posible.*

Durante la visualización, disfruta del sentimiento que te genera ser esa persona, e imagina situaciones concretas en tu nueva vida siendo de ese modo. Si te quedas dormido mientras estás realizando la visualización, perfecto.

DÍA 2. OBSERVACIÓN

- Toma conciencia de ti mismo y obsérvate. Identifica los pequeños o grandes cambios que se producen en tu forma de pensar, de actuar, de reaccionar, de sentir, etc., y anótalos en el Anexo 5 («Proceso de desarrollo personal»).
- Por la noche, antes de dormir, realiza la misma visualización que el día 1.

DÍA 3. COMPROBACIÓN

- Aplica la técnica de *liberación de bloqueos emocionales* (pág. 65) para verificar si existe algún bloqueo emocional que esté impidiendo la mejor evolución posible para este módulo. En el paso «obtener permiso» utiliza la siguiente consulta: «*Existe un bloqueo emocional que dificulta la mejor evolución posible para este módulo y que puedo liberar ahora*».

- Por la noche, antes de dormir, realiza la misma visualización que los días 1 y 2.

Al día siguiente pasa al módulo «*yo con los demás*».

YO CON LOS DEMÁS

La fuerza reside en las diferencias, no en las similitudes.

STEPHEN COVEY

El mensaje que transmitimos a través de nuestras palabras afecta enormemente a nuestro poder personal. Tanto nosotros como los demás nos trataremos acorde con el mensaje que transmitimos. En consecuencia, debemos hablar siempre de forma positiva sobre nosotros mismos, valorándonos y evitando rebajarnos.

Hay expresiones que debes desechar de tu vocabulario, ya que limitan tu desarrollo. Una de ellas es «tratar de», que da a entender que no tienes el control de la situación. Sustitúyela por una afirmación categórica, que te supondrá un reto y te ayudará a conseguir tu objetivo. «No puedo» es otro ejemplo de forma de hablar que menoscaba tu poder personal. Es preferible decir simplemente *no*, ya que eso conlleva ser el dueño de la situación.

No permitas que unas creencias o ideologías limiten tu capacidad de análisis, tus posibilidades de actuación o tu comportamiento. Debes tener criterio propio.

Nadie es inmune a las influencias del mundo que le rodea –familia, amigos, compañeros de trabajo, prensa, televisión, etc.–. Nuestros pensamientos, sentimientos, metas y acciones constantemente son influenciados por nuestro ambiente. Relacionarte con gente feliz te aportará un mayor grado de felicidad. Relacionarte con gente desordenada hará que seas desordenado. Relacionarte con personas de éxito será un estímulo para prosperar. Decide cómo quieres ser, y rodéate de gente que te ayude a conseguirlo, al tiempo que te alejas de quien te lo impide. Tener contacto con gente positiva y feliz te guiará hacia tu objetivo de ser feliz.

El temor a la propia responsabilidad da como resultado una persona que culpa a los demás de cuanto le ocurre. Culpa a la economía por su falta de fortuna, a la sociedad por su insatisfacción, al gobierno por la crisis, a sus jefes por su incapacidad de mantener un empleo, a la mala suerte por su enfermedad, etc. Lo cierto es que la responsabilidad es totalmente nuestra y somos completamente responsables de todo lo que nos sucede en la vida, ya que siempre tenemos poder de decisión.

Es innegable que hay personas que no actúan correctamente, para las que no existe la ética, la moralidad o tan siquiera unos mínimos niveles de educación y respeto hacia sus semejantes. Atraer esas personas hacia nuestras vidas y nuestra realidad depende exclusivamente de nuestras creencias. Si los demás te critican, no te valoran, te tratan mal o te insultan, piensa que ese es tu patrón. Eres tú quien está arrastrando ese tipo de individuos y actitudes a tu vida. Cuando cambies tus creencias, esa gente se irá a otra parte, posiblemente a ofrecer ese mismo trato a otros, pero no a ti, ya que habrás dejado de atraerla.

Ayudar a los demás cuando lo necesitan, aunque sea en algo que no te parezca trascendente, es la mejor manera de sentirse en paz interiormente. Propiciar la felicidad en quienes te rodean es una fuente inacabable de satisfacción y felicidad para uno mismo.

Tener gratitud y demostrarlo es una forma de centrar tu atención en lo que quieres, y consecuentemente, atraer más oportunidades y situaciones favorables a tu vida.

Hacer cumplidos a los demás, cuando son merecidos, habla bien de quien los hace. Hazlos tú también. De este modo activarás un mayor reconocimiento hacia tu persona.

Ser puntual en todo lo que hagas refleja disciplina y consideración hacia uno mismo y hacia los demás.

Si criticamos, nos criticarán. Si hablamos bien de nuestros semejantes, ellos hablarán bien de nosotros. Si nos alegramos por el éxito ajeno, estaremos en camino de lograr más triunfos. Si mentimos, nos mentirán...

CREENCIAS DEL MÓDULO «YO CON LOS DEMÁS»

- *Estoy preparado, y me resulta fácil dar y recibir amor.*
- *Siempre hablo bien de mí mismo.*
- *Soy independiente en mi forma de pensar y actuar.*
- *Tengo claro lo que busco en una relación.*
- *Acepto que los demás son distintos a mí y que cada uno piensa de forma diferente.*
- *Puedo estar en desacuerdo con lo que dicen o piensan otras personas, y ellas pueden estarlo con lo que yo digo o pienso.*
- *Confío en los demás y ellos confían en mí.*

- *Sé lo que quiero, y lo expreso con claridad y sinceridad.*
- *Siempre busco relacionarme con personas positivas y felices.*
- *Aprendo de todos aquellos que me rodean, especialmente de los niños.*
- *Observo e imito a la gente a la que me quiero parecer.*
- *Me permito recibir ayuda del universo y de los que están a mi alrededor.*
- *Genero una atmósfera agradable y cálida allá donde voy.*
- *Las personas son más importantes que las cosas.*
- *Doy elogios y evito las críticas.*

***

Para llevar a cabo el proceso de desarrollo personal de este módulo, sigue las siguientes instrucciones:

DÍA 1. TRANSFORMACIÓN

- Aplica la técnica de *liberación de bloqueos emocionales* (pág. 65), realizando la siguiente consulta en el paso «obtener permiso»: «*Existe un bloqueo emocional que dificulta el correcto desarrollo del módulo "yo con los demás" y que puedo liberar ahora*».
- Efectúa la técnica del *paso cruzado* (pág. 75) durante un minuto, mientras te repites mentalmente: «*Activo todo mi cerebro para disfrutar de una relación saludable y provechosa con los demás*».
- Procesa todas y cada una de las creencias incluidas en la lista anterior utilizando el *proceso de integración*, el *proceso de canalización* o el *proceso de contacto* (pág. 77).

Utiliza el proceso que más te guste para cada creencia, y recuerda que es tu subconsciente el que te guía en todo momento.

- Por la noche, antes de dormir, realiza una visualización del objetivo cumplido.
  Tumbado en la cama, cierra los ojos y relájate. A continuación visualiza mentalmente una situación en la que sientas que *eres una persona que habla bien de sí misma, con capacidad de análisis y criterio propio, que perdona, que acepta a los demás tal como son, que confía y es de confianza, que se relaciona con individuos que han alcanzado el éxito, que está abierta a recibir ayuda...*
  Durante la visualización, disfruta del sentimiento que te genera ser esa persona, e imagina situaciones concretas en tu nueva vida siendo de ese modo. Si te quedas dormido mientras estás realizando la visualización, perfecto.

DÍA 2. OBSERVACIÓN

- Toma conciencia de ti mismo y obsérvate. Identifica los pequeños o grandes cambios que se producen en tu forma de pensar, de actuar, de reaccionar, de sentir, etc., y anótalos en el Anexo 5 («Proceso de desarrollo personal»).
- Por la noche, antes de dormir, realiza la misma visualización que el día 1.

DÍA 3. COMPROBACIÓN

- Aplica la técnica de *liberación de bloqueos emocionales* (pág. 65) para verificar si existe algún bloqueo emocional que esté impidiendo la mejor evolución posible para este módulo. En el paso «obtener permiso» utiliza la siguiente consulta: «*Existe un bloqueo emocional que dificulta la mejor evolución posible para este módulo y que puedo liberar ahora*».

- Por la noche, antes de dormir, realiza la misma visualización que los días 1 y 2.

Al día siguiente pasa al último módulo, «*yo feliz*».

YO FELIZ

La mayoría de la gente es tan feliz como haya decidido serlo.

ABRAHAM LINCOLN

Los acontecimientos que se suceden en nuestras vidas no determinan nuestra felicidad. Es nuestra reacción ante esos acontecimientos lo que realmente condiciona nuestros sentimientos. La pérdida de un puesto de trabajo puede ser interpretada como una oportunidad o como la puerta del infierno. Somos nosotros, fundamentalmente a nivel subconsciente, quienes decidimos cómo reaccionar en cada momento.

Cualquiera puede encontrar motivos tanto para ser feliz y dichoso como para ser desgraciado. Elegir correctamente el tipo de pensamientos que nos ocupa es lo que determina nuestro bienestar y equilibrio. Los pensamientos agradables y positivos, dejar de exigir que todo sea perfecto o focalizarnos en aquello que tenemos en lugar de lo que carecemos, forman parte de la felicidad.

La felicidad es, por tanto, una decisión personal, que consiste en sentirla cada día aprovechando y disfrutando al máximo lo que tenemos.

CREENCIAS DEL MÓDULO «YO FELIZ»

- *Tengo la firme determinación de ser feliz.*
- *Merezco ser feliz y me permito serlo.*
- *Ser feliz es una actitud, y depende exclusivamente de mí.*
- *Disfruto de una vida activa, excitante y productiva.*
- *Estoy a cargo de mi propia vida.*
- *Soy optimista en todo momento, ya que siempre hay razones para serlo.*
- *Me abro a los cambios en mi vida.*
- *Siempre supero las dificultades.*
- *Me permito disfrutar de todo lo que tengo a mi alcance.*
- *Elijo vivir una vida vibrante y sana.*
- *Mi estado normal es encontrarme bien.*
- *Me mantengo activo incluso cuando estoy enfermo.*
- *Dejo de pensar en la enfermedad y esta desaparece de mi cuerpo.*
- *La salud y el bienestar son para mí un modo de vida.*
- *Soy feliz en todo lo que hago.*

***

Para llevar a cabo el proceso de desarrollo personal de este módulo, sigue las siguientes instrucciones:

DÍA 1. TRANSFORMACIÓN

- Aplica la técnica de *liberación de bloqueos emocionales* (pág. 65), realizando la siguiente consulta en el paso «obtener permiso»: «*Existe un bloqueo emocional que dificulta el correcto desarrollo del módulo "yo feliz" y que puedo liberar ahora*».
- Efectúa la técnica del *paso cruzado* (pág. 75) durante un minuto, mientras te repites mentalmente: «*Activo todo mi cerebro para disfrutar de una vida feliz*».
- Procesa todas y cada una de las creencias incluidas en la lista anterior utilizando el *proceso de integración*, el *proceso de canalización* o el *proceso de contacto* (pág. 77).
  Utiliza el proceso que más te guste para cada creencia, y recuerda que es tu subconsciente el que te guía en todo momento.
- Por la noche, antes de dormir, realiza una visualización del objetivo cumplido.
  Tumbado en la cama, cierra los ojos y relájate. A continuación visualiza mentalmente una situación en la que sientas que *eres una persona feliz en todos los ámbitos de tu vida: familia, amigos, trabajo, pareja...*
  Durante la visualización, disfruta del sentimiento que te genera ser esa persona, e imagina situaciones concretas en tu nueva vida siendo de ese modo. Si te quedas dormido mientras estás realizando la visualización, perfecto.

DÍA 2. OBSERVACIÓN

- Toma conciencia de ti mismo y obsérvate. Identifica los pequeños o grandes cambios que se producen en tu forma de pensar, de actuar, de reaccionar, de sentir, etc., y anótalos en el Anexo 5 («Proceso de desarrollo personal»).

- Por la noche, antes de dormir, realiza la misma visualización que el día 1.

DÍA 3. COMPROBACIÓN

- Aplica la técnica de *liberación de bloqueos emocionales* (pág. 65) para verificar si existe algún bloqueo emocional que esté impidiendo la mejor evolución posible para este módulo. En el paso «obtener permiso» utiliza la siguiente consulta: «*Existe un bloqueo emocional que dificulta la mejor evolución posible para este módulo y que puedo liberar ahora*».
- Por la noche, antes de dormir, realiza la misma visualización que los días 1 y 2.

No dejes que se muera el día sin que hayan muerto tus rencores.

GANDHI

6

¡Enhorabuena!

Si quieres ser feliz, sé feliz.

PROVERBIO HINDÚ

Llegados a este punto, quiero felicitarte. No me cabe la menor duda de que has realizado un intenso proceso evolutivo del que has ido disfrutando a lo largo del camino.

No pienses que con todo lo que has aprendido no deberás trabajar para conseguir lo que deseas. Tendrás que hacerlo: habrás de invertir tiempo y energía, pero no esfuerzo. A partir de ahora, para alcanzar tus metas, pondrás dedicación, constancia, motivación e interés, pero todo ello dentro de un estado de flujo, siempre remando a favor de la corriente.

En el capítulo 3 realizaste un proceso de autoconocimiento que establecía tu punto de partida. Ahora tienes la oportunidad de medir tu evolución y comparar tu situación inicial con la actual. Este será el último ejercicio del libro. Para hacerlo, vuelve al capítulo 3 y determina tus emociones directrices (pág. 53), tus creencias fundamentales (pág. 57) y tu nivel de conciencia actual (pág. 58). Anota los resultados que vayas obteniendo en la sección «Situación final» del Anexo 3 («Autoconocimiento»). De esa manera, podrás realizar la comparación y valorar los resultados.

***

Has aprendido a utilizar el *test muscular* para comunicarte con tu subconsciente. Quizás se trate de la parte más trascendente de este libro, ya que se puede recurrir a esa misma técnica para establecer comunicación con cualquier tipo de energía, incluida la conciencia colectiva o el subconsciente de otras personas. En ese nivel, todo el mundo puede obtener respuestas veraces de *sí* o *no* a prácticamente cualquier pregunta.

También has aprendido a *liberar bloqueos emocionales*, fundamental en cualquier proceso de desarrollo personal. No dejes de identificar y liberar, en caso de existir, tus bloqueos emocionales. No hacerlo supone añadir un nivel de dificultad y lentitud enorme a la hora de conseguir resultados. Cuando descubras en tu día a día algún tipo de patrón de comportamiento que pueda indicar la existencia de un trasfondo emocional, no lo dudes y utiliza la liberación de bloqueos emocionales.

Realizar durante un minuto, o incluso menos, la técnica del *paso cruzado* te aportará equilibrio, claridad mental, mayor coordinación, incremento de tu nivel de energía, etc.

Recurre a ella siempre que lo desees o creas que te puede ayudar.

También puedes emplear cuando lo desees, para transformar creencias, los *procesos de integración, canalización* y *contacto* que has aprendido. El hecho de incorporar un filtro, como la petición de permiso, hace que tu subconsciente, que siempre es el que guía, te indique las situaciones en las que estas técnicas resultan de utilidad.

Construye las creencias que desees transformar aplicando los siguientes criterios:

En primera persona (yo). Tú eres el objeto de la creencia y no los demás. Solo puedes cambiarte a ti mismo. En consecuencia, tú serás el sujeto de la frase.

En tiempo presente (ahora). Las creencias son atemporales, y como ya sabes, el único momento que existe es el presente. Por consiguiente, las creencias no están en tiempo pasado ni en tiempo futuro.

En positivo. La mente no puede moverse en sentido negativo respecto a lo que se desea. La mente funciona con imágenes, y una negación forma la imagen de lo negado, al igual que una afirmación forma la imagen de lo afirmado. Debemos formar creencias del resultado deseado, no del contrario.

Simple. Cuanto más simple y corta sea una creencia, mejor. Una creencia compleja acostumbra a incorporar más de un concepto, lo que dificulta la interpretación y la transformación a nivel subconsciente.

En ocasiones te encontrarás con que tu subconsciente no te da permiso para llevar a cabo un proceso de transformación. Esa respuesta puede indicar dos cosas:

- Que no es el momento oportuno. Es posible que no estés lo suficientemente relajado o que no dispongas del tiempo necesario para realizar este proceso en el momento en que lo estás intentando. También podría ser que la transformación que deseas realizar tenga que llevarse a cabo después de alguna otra, o lo que es lo mismo, que haya alguna otra creencia que debas transformar antes o que tengas que liberar previamente alguna emoción.
- Que el proceso de cambio requiera de otras técnicas distintas a las incluidas en este libro. Son muchas las técnicas que permiten acceder al subconsciente para transformar creencias y generar nuevos patrones de comportamiento: PSYCH-K, biodescodificación, PNL, Resonance Repatterning, EFT, EMDR, etc.

En cualquier caso, pregúntale a tu subconsciente el motivo por el que la respuesta ha sido negativa (siempre utilizando cuestiones de respuesta sí/no), y sabrás por dónde continuar.

Te animo a que no te pares aquí y continúes con tu *proceso de desarrollo personal*, ya sea de forma autónoma, como has hecho con este libro, o por medio de algún profesional del desarrollo personal, de un *coaching* o de un facilitador de algunas de las diferentes técnicas energéticas que permiten el acceso al subconsciente.

En mi anterior libro, *Escoge tu camino a la felicidad y el éxito* (www.escogetucamino.com), encontrarás analizadas y clasificadas más de cincuenta técnicas diferentes de psicología y medicina energética. Te servirá de guía en caso de que desees profundizar en este tipo de herramientas.

***

Las empresas y organizaciones, al igual que las personas, también tienen su propio nivel energético. En este caso, su frecuencia de vibración se genera por la suma de diversos factores: su misión, su visión, sus valores... y, por supuesto, sus trabajadores. En épocas de profunda crisis como la actual, es más necesario que nunca disponer de trabajadores felices, optimistas, positivos y creativos, que no se dejen llevar por el malestar y un negativismo generalizado. Comenzando por los equipos directivos, todos los empleados deben estar alineados en la misma visión y valores de la empresa, manteniendo alejados los miedos e inseguridades que paralizan de forma indiscriminada a individuos y organizaciones.

Si quieres llegar primero, corre solo; pero si quieres llegar lejos, camina junto a los demás.

PROVERBIO DE KENIA

En general, el desarrollo de habilidades de cualquier tipo pasa por la creación de unos determinados patrones de comportamiento, y como ya sabes, estos son el resultado de la actuación directa de nuestro subconsciente, como respuesta a nuestras creencias. Se nos ha venido diciendo que cambiar un hábito requiere de un mínimo de tres semanas de esfuerzo, y esto realmente es así cuando se busca cambiar ese hábito por medio de la mente consciente, cuando voluntariamente luchamos contra el antiguo hábito. Ahora bien, cambiar hábitos o, lo que es lo mismo, desarrollar nuevas habilidades puede ser mucho más rápido por medio de técnicas energéticas como las que has aprendido en este libro.

Mi visión de la formación en el ámbito del desarrollo de habilidades y capacidades pasa por una *formación rápida y sencilla a nivel subconsciente*. Integrando las creencias que fundamenten unos determinados hábitos, generamos los patrones de comportamiento deseados. Desarrollar hábitos de eficiencia en todo lo que hacemos; mejorar el rendimiento en cualquier deporte, ya sea individual o colectivo; aprender más rápidamente a tocar un instrumento; convertirnos en un buen *comerciante* o gestionar de forma eficiente nuestro tiempo son algunos ejemplos de lo que podemos conseguir con mayor facilidad y rapidez utilizando este tipo de técnicas.

***

Nosotros somos los responsables del desarrollo de nuestros hijos. Facilitar su crecimiento con total libertad para explotar el enorme potencial que encierran es nuestra obligación, y debería representar una prioridad del mismo nivel que nuestro propio desarrollo personal.

No debes olvidar que la mayor parte de lo que aprenden los niños es a través del ejemplo que obtienen en sus experiencias diarias. No es lo que decimos que deberíamos o deberían hacer, sino lo que realmente hacemos y la valoración que les transmitimos respecto a lo que hacen. Nuestras actitudes, al igual que sucedió con las actitudes de nuestros padres, abuelos, profesores, etc., son las que nuestros hijos toman como modelo para establecer sus propias creencias y generar sus bloqueos emocionales.

Permitamos a nuestros hijos crecer libres de bloqueos emocionales y llenos de creencias potenciadoras.

De forma consciente o inconsciente, voluntaria o involuntaria, positiva o negativa, a través de nuestros actos estamos continuamente «programando» a los demás. Debemos tomar conciencia de ello para conseguir que esa programación sea siempre positiva.

***

No me gustaría dejar pasar la oportunidad de hacer una pequeña mención a los enormes beneficios que representa el hábito de meditar. Seguro que has oído más de una vez que solo utilizamos una pequeña parte de nuestro cerebro. Pues bien, la meditación permite acceder a frecuencias cerebrales distintas a las empleadas habitualmente, lo que posibilita un mejor uso del potencial que encierra nuestro cerebro.

Todos los estudios científicos realizados con distintos tipos de meditación coinciden en que al meditar mejoramos nuestras capacidades mentales, incrementando la intuición, la capacidad de análisis, la concentración, la memoria, el autocontrol, la creatividad, etc.

Además, esta práctica presenta múltiples beneficios físicos: fortalece el sistema inmunitario, reduce la tensión arterial, mejora la relajación corporal, reduce el nerviosismo y el estrés, etc.

Desde aquí te animo a que introduzcas la meditación como parte de tu rutina diaria.

***

Estás llegando a las últimas líneas de este libro. Retrocede por un instante al primer contacto que tuviste con él. Quizás lo descubriste casualmente en tu librería habitual o por Internet, o te lo recomendaron; tal vez te lo regalaron o simplemente te lo prestaron. Lo cierto es que no es casual el hecho de que lo hayas leído. Estaba en tu camino hacia la felicidad.

Recuerda que ser agradecido es una parte importante para atraer la abundancia. Si te ha sido útil este libro, compártelo y agradéceselo a quien lo haya traído a tu vida.

Convertirte en una mejor persona no es algo que
te afecta solo a ti, sino a todo aquel que te rodea.
Y el mismo efecto presenta en los demás.

Sin ti, este libro carecería de sentido. Es por ello por lo que debo transmitirte mi total gratitud, mi deseo más íntimo de que seas tremendamente feliz y mi confianza en que alcanzarás el éxito en todo aquello que te propongas.

GRACIAS

Aprendí y decidí

Y así, después de esperar tanto, un día como cual-
quier otro, decidí triunfar;
decidí no esperar las oportunidades, sino yo mismo buscarlas;
decidí ver cada problema como la oportu-
nidad de encontrar una solución;
decidí ver cada desierto como la oportunidad de encontrar un oasis;
decidí ver cada noche como un misterio por resolver;
decidí ver cada día como una nueva oportunidad de ser feliz.

Aquel día descubrí que mi único rival no eran
más que mis propias debilidades,
y que en estas se halla la única y mejor forma de superarnos;
aquel día dejé de temer a perder.
Y costaba romper la costumbre, pero se pudo.

Descubrí que no era yo el mejor y que quizás nunca lo fui;
me dejó de importar quién ganara o perdiera:
ahora me importa simplemente saberme mejor que ayer.

Aprendí que lo difícil no es llegar a la
cima, sino jamás dejar de subir.
Descubrí que el amor es más que un sim-
ple estado de enamoramiento:
el amor es una filosofía de vida.

Aquel día dejé de ser un reflejo de mis escasos triunfos pasados
y empecé a ser mi propia tenue luz de este presente;
aprendí que de nada sirve ser luz
si no vas a iluminar el camino de los demás.

Aquel día decidí cambiar tantas cosas...
Aquel día aprendí que los sueños son so-
lamente para hacerse realidad.
Desde aquel día ya no duermo para descansar;
ahora simplemente duermo para soñar.

R. RIPANI

¡OBJETIVO: UN MILLÓN!

Mi objetivo es ayudar en el despertar de un millón de personas. Ayúdame a conseguirlo...

Si te ha gustado este libro y lo encuentras interesante, te voy a pedir un favor. Háblale de él, o de alguna de las técnicas que en él aparecen, a las personas que aprecias. De este modo las ayudarás a conocerse mejor a sí mismas y a descubrir el gran potencial que todos tenemos dentro. Hazlo por correo electrónico, por teléfono o en persona, pero hazlo del mismo modo que te gustaría que lo hicieran contigo.

Cuando despierto cada mañana, solo pido un deseo: ser útil a los demás.

DALAI LAMA

¡HAZME PARTÍCIPE DE TUS EXPERIENCIAS!

Estaré encantado si decides compartir conmigo los avances en tu desarrollo personal y el de los tuyos.

Si consideras que puedo ayudarte de algún modo, dímelo...

Podrás encontrarme en cursodefelicidad@eiriz.com

¡CUENTA CONMIGO!

Si estás interesado en propagar una cultura de felicidad en tu empresa, facilitando de este modo el desarrollo personal de tu equipo y mejorando sus resultados, cuenta conmigo.

Para la realización de conferencias, cursos de felicidad, o cualquier otro proyecto de desarrollo personal e interpersonal o de formación a nivel subconsciente, puedes localizarme en cursodefelicidad@eiriz.com

Anexo 1

Niveles de la conciencia humana

Es importante entender que los números utilizados por el doctor Hawkins y su equipo para realizar la clasificación de los niveles de conciencia representan una progresión logarítmica y no aritmética. De este modo, el nivel 300 no es el doble del nivel 150, sino que es 10 elevado a 300 (10^{300}). Esto significa que un incremento en el nivel de conciencia de unos pocos puntos representa realmente un enorme incremento en la frecuencia energética interior.

Todos los niveles por debajo del 200 destruyen la vida a la larga en el individuo y en la sociedad.

NIVEL DE ENERGÍA 20. VERGÜENZA

Este nivel está peligrosamente cercano a la muerte. En la vergüenza apagamos nuestros cerebros y nos escabullimos, deseando ser invisibles. El destierro voluntario es una elección habitual en estos casos.

La vergüenza destruye la salud emocional y psicológica y, como consecuencia, baja la autoestima. La personalidad con tendencia a la vergüenza es tímida, retraída e introvertida.

NIVEL DE ENERGÍA 30. CULPA

La culpa puede manifestarse en multitud de expresiones, tales como el remordimiento, la recriminación, el masoquismo y toda la gama de complejos de víctima.

La culpa inconsciente resulta en enfermedades psicosomáticas, tendencia a los accidentes y conductas suicidas.

NIVEL DE ENERGÍA 50. APATÍA

La apatía es un estado de desamparo que se caracteriza por la pobreza, el desaliento y la desesperanza.

Sin la voluntad de vivir, los desesperanzados permanecen inexpresivos, con la mirada vacía, sin reaccionar a los estímulos.

NIVEL DE ENERGÍA 75. SUFRIMIENTO

Este es el nivel de la tristeza, la pérdida, la dependencia, el duelo, el luto y el remordimiento por el pasado.

Aquellos que permanecen en este nivel viven una vida de lamentos y depresión constante. Ven tristeza por todas partes. Los perdedores habituales y los jugadores crónicos, que aceptan el fracaso como parte de su estilo de vida, se encuentran en este nivel.

NIVEL DE ENERGÍA 100. TEMOR

El miedo maneja a la mayoría de las personas. En este nivel, el mundo parece peligroso, lleno de trampas y amenazas.

El temor limita el crecimiento de la personalidad y conlleva a la inhibición.

NIVEL DE ENERGÍA 125. DESEO

El deseo motiva vastas áreas de la actividad humana, incluyendo la economía. El deseo de dinero, prestigio o poder rige las vidas de muchos que han logrado sobreponerse al miedo como su energía de vida predominante.

El deseo tiene que ver con las adicciones y la ambición, y además es insaciable. Una vez conseguido algo, es reemplazado por el anhelo insatisfecho de algo más. Sin embargo, puede ser también un trampolín para lograr niveles más altos de conciencia.

NIVEL DE ENERGÍA 150. IRA

La ira puede ser de acción constructiva o destructiva. Puede servir como punto de apoyo al oprimido, aunque mayoritariamente se origina en el resentimiento y la venganza.

Quienes se hallan en este nivel son personas irritables y explosivas, que se vuelven bravuconas, beligerantes y pendencieras.

La ira puede llevar fácilmente al odio, el cual tiene un efecto negativo en todas las áreas de la vida.

NIVEL DE ENERGÍA 175. ORGULLO

En este nivel se produce un aumento de la autoestima. Es por ello por lo que el orgullo generalmente tiene buena reputación y la sociedad lo estimula.

En realidad, el orgullo es defensivo y vulnerable porque depende de condiciones externas, lo cual a su vez puede llevarnos repentinamente a niveles más bajos.

La cara negativa del orgullo es la arrogancia y la negación, características que bloquean el crecimiento.

NIVEL DE ENERGÍA 200. CORAJE

Este nivel determina la línea crítica que distingue las influencias positivas de las negativas. El coraje permite ver la vida como algo emocionante, provocativo y estimulante. Implica la voluntad de intentar nuevos retos y lidiar con los cambios de la vida, lo que permite aprovechar las oportunidades que se nos brindan.

NIVEL DE ENERGÍA 250. NEUTRALIDAD

Ser neutro significa estar relativamente desapegado de los resultados. Que las cosas no se hagan a nuestra manera no se experimenta como derrota, miedo o frustración.

Este nivel es el comienzo de la autoconfianza. Se trata de personas llevaderas, seguras, que no están interesadas en los conflictos, la competencia o la culpa. La libertad es un valor importante para ellas.

NIVEL DE ENERGÍA 310. VOLUNTAD

Este es el nivel de las personas eficientes, que llevan a cabo correctamente todas sus obligaciones, que acostumbran a ser seleccionadas para los ascensos, que suelen tener éxito social y económico, que son útiles a los demás y contribuyen al bienestar de la sociedad.

En este nivel, la autoestima es alta y se ve reforzada con el reconocimiento, la apreciación y la remuneración recibidos. Estas personas miran sus defectos y aprenden de los demás.

NIVEL DE ENERGÍA 350. ACEPTACIÓN

En este nivel se ha alcanzado la comprensión de que somos los creadores de nuestra propia realidad. Es el punto en el que concluye la recuperación del poder personal y, en consecuencia, en el que se interioriza que la fuente de la felicidad está dentro de uno mismo, en el que se es consciente de que no hay nada externo a uno mismo que tenga la capacidad de proporcionar la felicidad.

En este nivel hay calma emocional, equilibrio y autodisciplina. No se está interesado en determinar lo que es bueno o malo, sino simplemente en resolver los problemas.

NIVEL DE ENERGÍA 400. RAZÓN

En este nivel emerge la inteligencia y la racionalidad. La comprensión y la información son las herramientas principales para la realización personal.

Este es el nivel de conciencia habitual de los ganadores del Premio Nobel, así como el que tenían Einstein o Freud.

NIVEL DE ENERGÍA 500. AMOR

El amor, como habitualmente se entiende, es una condición emocional intensa, que combina la atracción física, la posesión, el control, la adicción, el erotismo y la novedad. Suele ser frágil y fluctuante.

La concepción del amor que dirige este nivel de conciencia es muy distinta. Se trata de un amor incondicional, inmutable y permanente, que no fluctúa al no depender de factores externos. Amar es un estado del ser. Es relacionarse con el mundo con compasión, cariño y comprensión.

En este nivel de desarrollo, la capacidad de discernir la esencia de las cosas se vuelve predominante. La razón trata solamente con particularidades mientras que el amor lidia con la totalidad, sin tomar partido.

Según los estudios del doctor Hawkins, únicamente el 0,4% de la población mundial alcanza este nivel de evolución de la conciencia.

NIVEL DE ENERGÍA 540. ALEGRÍA

Al volverse el amor más incondicional, se comienza a experimentar la alegría interna como un estado constante en todas las actividades que se realicen.

En este nivel, el mundo está iluminado por una belleza exquisita y una perfección de la creación. Todo sucede sin esfuerzo, por sincronicidad. Hay un deseo de usar el estado de conciencia personal para el beneficio de la vida misma en lugar de los individuos en particular.

Del nivel 540 en adelante es el dominio de los santos, los estudiantes espirituales avanzados y los sanadores.

NIVEL DE ENERGÍA 600. PAZ

Este nivel energético está asociado con la trascendencia, la autorrealización y la conciencia divina. Únicamente lo alcanza una persona de cada diez millones.

Algunos de los que consiguen llegar a él se convierten en maestros espirituales, otros trabajan anónimamente para la mejora de la humanidad y otros se convierten en grandes genios en sus campos respectivos, realizando grandes contribuciones a la sociedad.

En ocasiones, la percepción en este nivel o en uno superior ocurre a cámara lenta, suspendida en el tiempo y en el espacio, donde nada es estacionario y todo está vivo y radiante.

NIVEL DE ENERGÍA 700 A 1000. ILUMINACIÓN

Este es el nivel de los grandes de la historia, fundadores de los patrones espirituales que nos han guiado durante miles de años. Aquí las experiencias del ser interno de una persona individual ya no están separadas de las demás. Se produce una identificación del Ser Interno con la Conciencia y la Divinidad. Es el nivel de la no-dualidad.

El cuerpo se ve meramente como una herramienta de conciencia a través de la intervención de la mente.

El nivel 1000 es el más alto logrado por alguien que haya vivido en la historia reciente de la Tierra. En concreto, es el nivel de los Grandes Avatares: Krishna, Buda y Jesucristo.

Anexo 2

Creencias

AUTOESTIMA

- *Me amo incondicionalmente.*
- *Merezco ser feliz.*
- *Merezco todo el amor y todo lo bueno que la vida tiene para ofrecer.*
- *Me perdono por todos los errores cometidos en el pasado, presente y futuro.*
- *Los errores que cometo me hacen avanzar más rápido hacia mis metas.*
- *Hago las cosas lo mejor que puedo y sé.*
- *Merezco amarme.*
- *Merezco que me amen.*
- *Merezco amar a otros.*
- *Soy mi mejor amigo.*
- *Disfruto de ser único.*

- *Estoy seguro de mí mismo.*
- *Tengo confianza en mí mismo.*
- *Estoy orgulloso de mí.*
- *Soy un ganador.*
- *Soy una buena persona.*
- *Disfruto siendo quien soy en todo momento.*
- *Soy único, especial e irreemplazable.*
- *Mi vida tiene sentido y disfruto viviéndola.*
- *Me gusta cada una de las partes de mi cuerpo.*

RELACIONES

- *Estoy preparado para amar.*
- *Me es fácil amar.*
- *Tengo claro lo que busco en una relación.*
- *Me permito encontrar la persona ideal con quien compartir mi vida.*
- *Soy feliz en mis relaciones.*
- *Disfruto plenamente de mis relaciones.*
- *Permito que otros cambien y crezcan en mi relación con ellos, o que si lo prefieren se mantengan como son.*
- *Acepto que cada uno piensa de forma diferente.*
- *Me gusta ser sincero en mis relaciones.*
- *Confío en la otra persona.*
- *Confío en los demás y ellos confían en mí.*
- *Me permito expresar mi vulnerabilidad en mis relaciones.*
- *Aprecio y valoro que las personas expresen su vulnerabilidad.*
- *Soy extrovertido.*
- *Me resulta fácil entablar una relación.*
- *Soy responsable de mis acciones.*
- *Me expreso con seguridad y claridad.*

- *Sé lo que quiero y lo expreso con claridad y sinceridad.*
- *Disfruto escuchando a los demás y conociéndolos mejor.*
- *Disfruto sintiéndome libre en mis relaciones.*

SEGURIDAD

- *Confío en mis decisiones.*
- *Me permito recibir ayuda del universo y de la gente que hay a mi alrededor.*
- *Soy sincero conmigo mismo.*
- *Me permito realizar mis sueños y los manifiesto.*
- *Conozco mis miedos y los aprovecho para avanzar en mi desarrollo personal.*
- *Cada día soy más fuerte, sabio y decidido.*
- *Soy responsable de mí mismo.*
- *Me doy permiso para hacer lo que amo.*
- *Tomo mis decisiones con seguridad, facilidad y rapidez.*
- *Me permito ser feliz.*
- *Me permito disfrutar de todo lo que tengo a mi alcance.*
- *Utilizo mis recursos de forma efectiva y eficiente.*
- *Valoro mi tiempo y lo uso solo para aquello que más me importa.*
- *Le encuentro sentido a mi vida y persigo mi propósito con decisión y alegría.*
- *Recibo ayuda siempre que lo necesito; el universo me guía.*
- *Afronto mis miedos con determinación y valentía.*
- *Solo me enfoco en todo aquello que es productivo para mí y para los demás.*
- *Me permito alcanzar la vida que deseo.*
- *Me permito aceptar todo lo que la vida me ofrece.*
- *Los cambios me benefician siempre.*

SALUD

- *Mi cuerpo está fuerte y sano, y cada día tengo más vitalidad.*
- *Mi sangre fluye por mi cuerpo y lo nutre de forma más efectiva cada día.*
- *Sano rápidamente.*
- *Cuido mi cuerpo y su salud.*
- *Hago todo lo necesario para estar cada día más fuerte y sano.*
- *Mi salud es importante.*
- *Mi cuerpo está lleno de energía.*
- *Me duermo profundamente y con facilidad.*
- *Me mantengo en el peso ideal.*
- *Mis órganos funcionan de manera efectiva y eficiente.*
- *Mi vista y mi oído mejoran día tras día.*
- *Es saludable, divertido y fácil para mí estar delgado, sano y lleno de energía.*
- *Disfruto cuidando mi salud y mi cuerpo.*
- *Me permito disfrutar de un organismo fuerte y sano.*
- *Acepto la salud como algo natural en mi vida.*
- *Me libero de todas las causas que produjeron mi enfermedad en el pasado y disfruto de mi salud ahora.*
- *Agradezco mi salud y mi vitalidad.*
- *Mi cabeza/espalda/estómago... está extraordinariamente bien y me siento fenomenal.*
- *Cada día me siento más joven y sano.*
- *Acepto mi enfermedad como un cambio encaminado a mejorar mi crecimiento personal y mi salud.*

Anexo 3

Autoconocimiento

SITUACIÓN INICIAL

Fecha: ____________________________

EMOCIONES DIRECTRICES

	Emoción
Ámbito profesional	
A nivel de salud	
Relación con tu familia	
Relación con tu pareja	
Relación con tus amigos	
Relación con el dinero	

CREENCIAS FUNDAMENTALES

	Sí	No
1. Me merezco se feliz		
2. Mi vida es aburrida y carece de alicientes		
3. Mis necesidades nunca pueden ser satisfechas siendo yo		
4. Siempre busco culpables ante las dificultades		
5. Bloqueo mis experiencias de aprendizaje		
6. Quiero que las cosas se queden como están		
7. Espero que ocurra lo peor		
8. Otras personas y fuerzas controlan mi vida		
9. Me odio a mí mismo		
10. El universo es un lugar hostil		

NIVEL DE CONCIENCIA: ☐

SITUACIÓN FINAL

Fecha: ______________________

EMOCIONES DIRECTRICES

	Emoción
Ámbito profesional	
A nivel de salud	
Relación con tu familia	
Relación con tu pareja	
Relación con tus amigos	
Relación con el dinero	

CREENCIAS FUNDAMENTALES

	Sí	No
1. Me merezco se feliz		
2. Mi vida es aburrida y carece de alicientes		
3. Mis necesidades nunca pueden ser satisfechas siendo yo		
4. Siempre busco culpables ante las dificultades		
5. Bloqueo mis experiencias de aprendizaje		
6. Quiero que las cosas se queden como están		
7. Espero que ocurra lo peor		
8. Otras personas y fuerzas controlan mi vida		
9. Me odio a mí mismo		
10. El universo es un lugar hostil		

NIVEL DE CONCIENCIA: ☐

Anexo 4

Liberación de bloqueos emocionales

Diagrama de flujo

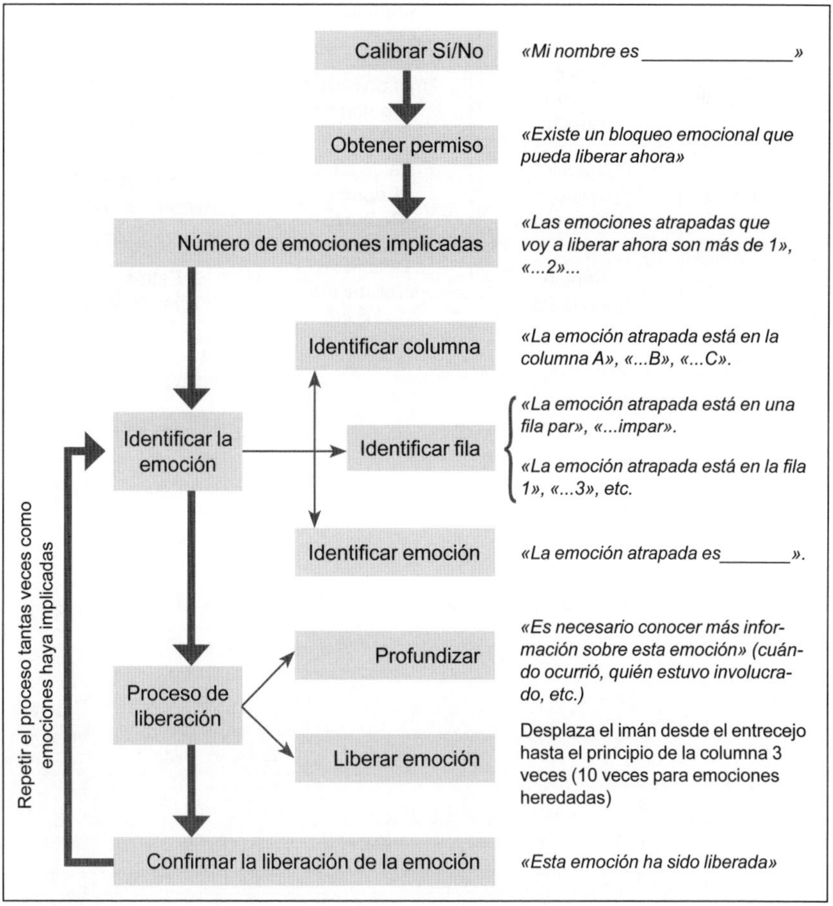

Tabla de identificación de
EMOCIONES ATRAPADAS

	Columna A	Columna B	Columna C
Fila 1	Vergüenza Ira - Rabia	Tristeza - pena Frustración Soberbia	Remordimiento Insatisfacción
Fila 2	Arrogancia Desamparo	Fracaso Preocupación	Ansiedad Dependencia
Fila 3	Culpa Miedo Pérdida	Humillación Sufrimiento	Desprotección Desconsuelo
Fila 4	Asco Lujuria Apatía	Amor no recibido Impotencia	Celos Orgullo Indecisión
Fila 5	Confusión Odio Desesperación	Falta de control Engaño Rechazo	Inseguridad Resentimiento
Fila 6	Anhelo Nerviosismo	Desprecio Obstinación Conflicto	Estrés Abandono

Anexo 5

Proceso de desarrollo personal

Anota en estas páginas los cambios que vayas observando durante tu proceso, en tu forma de pensar, de actuar, de reaccionar, de sentir, etc. En definitiva, toma nota de cualquier indicio de transformación que hayas identificado.

MÓDULO 1: YO CONMIGO

MÓDULO 2: YO AHORA

MÓDULO 3: YO CON MIS METAS

MÓDULO 4: YO CON LOS DEMÁS

MÓDULO 5: YO FELIZ

Bibliografía

CRUZ, Camilo, *La vaca*, Taller del éxito, 2007.

CSIKSZENTMIHALYI, Mihaly, *Fluir*, Kairós, 1996.

DYER, Wayne, *Lo que todo padre desea para sus hijos... Lo que todo hijo necesita de sus padres*, Taller del éxito, 2005.

EDEN, Donna y David FEINSTEIN, *Medicina energética*, Obelisco, 2011.

EIRIZ, Ricardo, *Escoge tu camino a la felicidad y el éxito*, Círculo Rojo, 2012.

HAWKINS, David R., *El poder contra la fuerza*, Hay House, 2004.

HAY, Louise L., *Sana tu cuerpo*, Urano, 1992.

______, *Usted puede sanar su vida,* Urano, 1993.

JACKSON, ADAM J., *Los 10 secretos de la abundante felicidad,* Ed. Sirio, 2012.

LIPTON, Bruce, *La biología de la creencia*, Palmyra, 2007.

MATTHEWS, Andrew, *Por favor, sea feliz*, Selector, 1997.

NELSON, Bradley, *El código de la emoción*, Wellness Unmasked, 2007.

PARKER, Leila, *Guía fácil de kinesiología*, Robin Book, 2009.

TOLLE, Eckhart, *El poder del ahora*, Gaia, 2009.

VÁZQUEZ, Santiago, *La felicidad en el trabajo... y en la vida*, Actualia, 2012.

Índice